U0962045

河南大学商学院学术文库

工商管理系列

碳排放控制下
供应链协调策略

Research on the Supply Chain Coordination under Carbon Emissions Control

方健◎著

中国经济出版社
CHINA ECONOMIC PUBLISHING HOUSE
·北 京·

图书在版编目（CIP）数据

碳排放控制下供应链协调策略/方健著 .
—北京：中国经济出版社，2019. 10
ISBN 978-7-5136-5931-4

Ⅰ. ①碳… Ⅱ. ①方… Ⅲ. ①供应链管理—二氧化碳—排气—研究
Ⅳ. ①F252. 1 ②X511

中国版本图书馆 CIP 数据核字（2019）第 218942 号

组稿编辑　崔姜薇
责任编辑　罗　茜
责任印制　马小宾
封面设计　任燕飞

出版发行　中国经济出版社
印 刷 者　北京建宏印刷有限公司
经 销 者　各地新华书店
开　　本　710mm×1000mm　1/16
印　　张　12
字　　数　155 千字
版　　次　2019 年 10 月第 1 版
印　　次　2019 年 10 月第 1 次
定　　价　58. 00 元
广告经营许可证　京西工商广字第 8179 号

中国经济出版社 **网址** www. economyph. com **社址** 北京市东城区安定门外大街 58 号 **邮编** 100011
本版图书如存在印装质量问题，请与本社发行中心联系调换（联系电话：010-57512564）

版权所有　盗版必究（举报电话：010-57512600）
国家版权局反盗版举报中心（举报电话：12390）　　服务热线：010-57512564

目录 Contents

第1章　绪　论 …… 001
1.1　研究背景与问题提出 …… 003
1.1.1　研究背景 …… 003
1.1.2　研究问题的提出 …… 006
1.2　研究目的与研究的意义 …… 010
1.2.1　研究目的 …… 010
1.2.2　研究的意义 …… 012
1.3　本书结构与研究内容 …… 013
1.4　研究方法 …… 016
1.5　研究创新之处 …… 017
1.6　本章小结 …… 017
第2章　文献综述 …… 019
2.1　碳排放问题相关研究 …… 021
2.1.1　碳排放相关概念 …… 021
2.1.2　碳排放控制 …… 025
2.1.3　述评 …… 031

2.2 供应商选择 …… 032
2.2.1 供应商选择要素 …… 032
2.2.2 供应商选择方法 …… 035
2.2.3 述评 …… 039
2.3 融合碳排放因素的供应链协调问题研究 …… 040
2.3.1 供应链协调问题 …… 040
2.3.2 融合碳排放因素的供应链协调问题 …… 043
2.3.3 述评 …… 044
2.4 本章小结 …… 045

第3章 碳排放控制下供应链协调框架设计及问题分析 …… 047

3.1 碳排放控制下供应链协调理论基础 …… 050
3.1.1 内部化外部性问题 …… 051
3.1.2 福利经济学理论 …… 054
3.2 基于供应链视角的碳排放成本分析 …… 056
3.2.1 基于供应链视角的碳排放测度与评价 …… 057
3.2.2 供应链成员碳排放成本分摊 …… 062
3.3 碳排放控制下供应链协调所面临的主要问题及解决对策 …… 065
3.3.1 供应商选择要素问题 …… 066
3.3.2 基于供应商选择的供应链协调问题 …… 068
3.3.3 基于供应链契约的两级供应链协调问题 …… 069
3.4 本章小结 …… 071

第4章 供应商碳排放量对生产商碳信息披露质量影响分析 …… 073

4.1 碳信息披露基础 …… 075

4.1.1 会计信息披露基础 …… 075
4.1.2 社会责任信息披露基础 …… 077
4.2 供应链视角下的碳信息披露 …… 078
4.3 供应商碳排放要素影响分析 …… 079
4.3.1 理论分析与假设提出 …… 080
4.3.2 研究设计 …… 083
4.3.3 结论与分析 …… 087
4.4 本章小结 …… 095

第5章 碳排放控制下的供应商选择 …… 097

5.1 概述 …… 099
5.2 碳排放控制下单个供应商订货量问题 …… 100
5.2.1 考虑碳排放的模型构建与求解 …… 100
5.2.2 模型结果分析 …… 104
5.2.3 数值分析 …… 106
5.3 碳排放控制下多个供应商订货量分配问题 …… 109
5.3.1 供应商要素模糊选择方法 …… 110
5.3.2 模型构建与求解 …… 113
5.3.3 算例分析 …… 115
5.4 本章小结 …… 125

第6章 碳排放控制下的两级供应链协调途径 …… 127

6.1 供应链协调途径分析 …… 129
6.2 基于收益共享契约的供应链协调 …… 131
6.2.1 问题描述 …… 131
6.2.2 联合决策时的最优生产量 …… 132

6.2.3 分散决策时的最优生产量及利润共享比例 …………… 134
6.2.4 数值分析 ………………………………………… 137
6.2.5 敏感性分析 ……………………………………… 139
6.3 碳税及碳排放交易机制下的供应链协调 …………… 141
6.3.1 问题描述 ………………………………………… 142
6.3.2 联合决策时的最优订货量 ……………………… 142
6.3.3 分散决策时的最优订货量 ……………………… 144
6.3.4 数值分析 ………………………………………… 145
6.3.5 敏感性分析 ……………………………………… 146
6.4 本章小结 ………………………………………… 150

第7章 总结与展望 ……………………………………… 151

7.1 全书总结 ………………………………………… 153
7.2 未来展望 ………………………………………… 156

参考文献 ………………………………………………… 158

附 录 …………………………………………………… 179

图目录

图 1-1 研究的逻辑框架 …… 015
图 2-1 碳排放交易示例 …… 031
图 3-1 理论框架 …… 050
图 5-1 单位罚成本系数 β 与订货量 Q 之间的关系 …… 108
图 5-2 当 $\beta>\beta_0$，且 $M<M_0$ 时，总成本与经济订货量随碳交易价格 C 变动情况 …… 108
图 6-1 联合决策时 α 变动时的影响 …… 139
图 6-2 减排投入最大时分配比例 θ 变化对供应商及生产商利润的影响 …… 141
图 6-3 单位碳交易金额变动对最优订货量及供应链系统利润的影响 …… 147

表目录

表 2-1　碳排放报告与财务报告的区别 ………………………………… 028
表 2-2　常用供应商选择要素 ………………………………………… 033
表 4-1　变量定义 ……………………………………………………… 086
表 4-2　各变量描述性统计 …………………………………………… 088
表 4-3　变量间相关性检验 …………………………………………… 089
表 4-4　多元线性回归分析结果 ……………………………………… 090
表 4-5　基于碳排放量的多元线性回归分析结果 …………………… 091
表 5-1　分析结果的数值计算 ………………………………………… 107
表 5-2　各因素模糊配对比较值 ……………………………………… 116
表 5-3　选择因素无权值超级矩阵 …………………………………… 116
表 5-4　选择因素（加权）极限超级矩阵…………………………… 117
表 5-5　供应商模糊配对比较值 ……………………………………… 117
表 5-6　供应商无权值超级矩阵 ……………………………………… 118
表 5-7　供应商（加权）极限超级矩阵……………………………… 118
表 5-8　订货系数无权值超级矩阵 …………………………………… 118
表 5-9　订货系数（加权）极限超级矩阵…………………………… 119
表 5-10　各供应商信息 ……………………………………………… 119
表 5-11　成员函数数据 ……………………………………………… 120
表 5-12　市场需求量变动时的订货量 ……………………………… 123
表 5-13　碳排放配额变动时的订货量 ……………………………… 124

表 6-1 考虑碳排放的最优生产量及供应链利润 …………………… 138
表 6-2 联合决策及分散决策时的结果 ……………………………… 139
表 6-3 利润最大时分配比例 θ 变化对供应商及生产商利润的影响 ………………………………………………………… 140
表 6-4 碳税税率变动对最优订货量及供应链系统利润的影响 …… 146
表 6-5 单位半成品售价 w 变动对利润的影响 ……………………… 147
表 6-6 碳税税率 n 变动对供应商利润分配比例 θ 的影响 ………… 148
表 6-7 单位碳排放交易价格 m 变动对供应商利润分配比例 θ 的影响 ………………………………………………………… 148
表 6-8 特定条件下单位碳排放交易价格 m 变动对供应商利润分配比例 θ 的影响 …………………………………………… 149

第 1 章

绪　论

本章首先阐述了本书的研究背景，分析了碳排放控制下的供应链协调问题，借此提出包含供应商选择、供应商订货量分配以及由生产商和供应商组成的两级供应链协调三方面内容的供应链协调，并相应论述了本书的研究目的及研究意义，进而剖析了本书的内部结构及具体研究内容。同时，介绍了研究方法及技术路线，最后提出了本书的创新点。

1.1 研究背景与问题提出

1.1.1 研究背景

21世纪，在全球经济和科技得到持续发展的同时，人类生活水平得到极大改善，但随之而来的环境污染问题却变得日益严重，温室效应引发的全球气候变暖、酸雨区扩展等问题，以及2012年欧洲和日本出现的严寒天气，直至近年来北京持续出现的雾霾，时刻在警醒着人们，环境污染已经威胁到人类自身的生存和发展。

我国正处于经济高速发展时期，作为制造业大国，环境污染问题尤为突出。如何在经济发展与环境保护之间保持平衡，是历届政府亟待解决的问题之一。经济发展不能以牺牲环境为代价，经济、环境和社会等的可持续发展，是各国政府理想的发展模式。为此，我国政府已在“十二五”规划中提出将建设资源节约型、环境友好型社会作为重要着力点。

以二氧化碳为主，包括甲烷、一氧化二氮、六氟化硫、氢氟碳化物及全氟化碳等在内的温室气体的排放（以下简称碳排放）过量是造成环境污染以及引发全球气候变暖的主要因素之一。自1850年地球表面温度有记录以来最热的12个年份中，有11个出现在最近的12年（1995—2006年），1900—2005年，地球表面温度升高0.8℃，2005年更是历史上有记录以来温度最高的一年（Lash；Schneider）[1,2]。面对全球气候日益变暖的现状，世界各国都在尽力采取各种措施，来有效减少碳排放。中国政府承诺到2020年单位国民生产总值的二氧化碳排放比2005年下降40%~45%。习近平总书记在2015年的巴黎气候大会上，进一步表明中国政府积极参与治理全球气候变化的决心。美国政府允诺到2020年碳排放量在2005年的基础上减少17%。应对气候问题需要世界各国携手行动，联合国政府间谈判委员会在1992年5月9日就气候问题达成《联合国气候变化框架公约》（United Nations Framework Convention on Climate Change，UNFC-CC；以下简称《公约》），并于6月4日在巴西里约热内卢举行的联合国环境与发展会议上进行签署，1994年3月21日，《公约》生效。但由于《公约》只是一个国际公约，不具有强制减排的法律效力，因此，其收效甚微。此后，定期举行的气候变化大会，即缔约方会议（Conferences of Parties，COP），持续探讨了全球气候变化问题。1997年12月11日在日本东京召开的《公约》第三次缔约方大会（COP3）上，国际社会第一次通过了具有法律效力的《京都协议书》，2005年2月16日作为《公约》补充协议的《京都议定书》（*Kyoto Protocol*）开始生效。截至2009年底，共有183个国家通过了《京都议定书》，《京都议定书》明确提出减少碳排放指标，即在2008—2012年，全球主要工业国家的碳排放量要在1990年的基础上减少5%，并初步构建三种碳排放机制：联合履约（Joint Implementation，

JI)、清洁发展机制（Clean Development Mechanism，CDM）和国际排放权交易（International Emission Trading，IET）。但是，鉴于《京都议定书》仅制定了 2008—2012 年的减少碳排放指标，2010 年在南非德班召开的第 17 次缔约方大会（COP17）上通过了始于 2013 年的京都议定书第二承诺期的实施方案，即所谓后京都议定书时期。

世界各国均在采取措施以有效减少碳排放，其中最具代表性的是《京都议定书》中所构建的三种机制。联合履约机制是工业化国家与另一工业化国家或经济转型国家之间通过交易和转让而获得排放额度的一种机制，属于项目交易。清洁发展计划是发达国家向发展中国家进行减排项目的投资或者直接购买的方式而获得排放额度的一种机制。排放权交易是发达国家之间的排放交易。除此之外，不同地区及国家也建立了各自的碳排放控制机制，其中较具代表性的包括欧盟碳排放交易机制、英国碳排放交易制度、美国芝加哥气候交易所、日本排放交易制度、印度碳排放交易市场、澳大利亚交易制度等。

碳排放成本因碳排放控制方式的不同而发生改变。目前对碳排放控制采取的主要措施包括基于政府的强制行政命令手段和对碳排放征收碳税及以碳排放交易等为代表的市场手段。采取政府行政命令手段强制减少碳排放是减少碳排放的一种有效办法，特别是在以计划经济为主的国家，政府能够依靠自身行政手段强制干预市场活动，虽然行政干预也需花费一定成本，但能较快凸显减排成果，但这不属于本书重点关注的问题。

碳税对供应商选择成本的影响较为直接，政府通过针对碳排放量的税率调整，借助市场手段来进行碳排放量的控制，以澳大利亚为代表的部分国家就采用此种方式对碳排放加以控制。对于通过征收碳税的方式对碳排放进行控制的方法，从税收筹划角度分析其对供应商选择成本所产生的影响，与本书关注的焦点不同，本书更多关注碳税对供应商协调所产生的影响，进而为政府有效控制碳排放提供了技术支持。

碳排放交易机制是基于市场从总量上对碳排放加以有效控制的措施。面对碳排放交易机制的实施，企业面临直接减少碳排放或者通过碳排放交易获取碳排放额度两种不同选择。就直接减少碳排放而言，企业可以采用通过专用技术将碳排放封存并深埋在地下的固定容器中，不对外进行排放的碳封存技术，或者采用先进技术直接减少碳排放，如汽车通过加装过滤设备减少汽车尾气中废气的排放。对于采用直接减少碳排放的方式，具有投资大、收益期长等特点；而基于碳排放交易的碳排放控制，企业面对不同的碳排放配额，则需要考虑碳交易价格、购买碳额度时机的选择、期权的履约等问题，其均会对供应链成员产生不同程度的影响。随着我国以北京、上海等城市为试点的碳排放交易平台的建立，本书更多关注以碳排放配额、碳排放交易价格等为主的碳排放交易机制在碳排放控制中所发挥的作用。

1.1.2 研究问题的提出

鉴于全球气候变暖问题日益凸显，碳排放问题的产生对企业供应链协调提出了更高要求。在碳排放控制条件下，企业如何通过供应链协调达到供应链各成员既不减少利润又满足碳排放控制要求的双赢目标就显得尤为迫切。

供应链协调作为供应链管理领域的重要问题之一，目前研究多数集中在供应链渠道协调问题上，并主要从以下两个方面展开：一是研究如何利用供应链契约达到供应链协调的目标。在由供应商、生产商以及批发商等为主所构成的供应链中，供应链成员如何利用供应链契约协调供应链成员行为，进而达到供应链各成员收益均提高的目标，是供应链协调研究的主要问题之一。二是企业内外部环境变化下的供应链协调问题。企业内部环境（公司战略、组织结构、营销策略等）以及外部环境（产业政策、客户特征及需求变化、供应链成员在供应链中所处地位等）变化，均将对供应链协调产生影响。尤其是随着碳排放问题日益受到关注，企业外部环境对于供应链协调势必会产生重大影响，研究在外部环境变化条件下，供应链成员供应链协调的可行性及供应链协调的最终结果，成为供应链协调问题研究的另一主要方向。

作为供应链管理领域的关键问题之一，目前供应链协调问题研究的局限性主要表现在以下三个方面：一是缺乏基于供应链协调视角下的供应链成员选择问题研究。供应链协调问题主要是针对供应链成员实施的协调，合适的供应链成员构成是供应链协调中的关键问题。目前研究更多关注如何在供应链成员间有效进行供应链协调，作为供应链协调的前提条件是供应链成员的构成问题，只有恰当选择供应链成员才有可能在此基础上展开如订货量分配等供应链成员间协调工作。因此，作为供应链协调实施对象的重要组成部分的供应商选择理应成为供应链协调的重要内容。但是，目前研究缺乏从供应链协调视角出发的针对供应链成员选择问题的研究。二是碳排放在供应商选择要素中所处具体地位。传统的因素中较少考虑碳排放因素，更多关注价格、质量、售后服务等传统要素。随着对环境问题的日益关注，如何有效控制碳排放已经成为政府和企业共同关注的焦点问题之一。碳排放在供应商选择因素中理应占据较为重要的地位，而在目前供应商选择问题研究中较少分析碳排放因素所处的地位。三是针对碳税及碳排放交易机制下的供应链协调实现途径问题研究不足。碳税及碳排放交易机制是控制碳排放的两个主要市场手段，基于供应链协调契约，分析在外部碳排放控制环境变化条件下的供应链协调如何实现的问题明显不足，尤其是政府从总量控制碳排放条件下的供应链协调问题更为匮乏。

从以上三个具体问题不难看出，目前针对碳排放控制下的供应链协调问题缺乏系统深入的研究，从供应商选择要素分析入手，结合供应商选择问题，研究基于供应链契约的碳排放控制条件下的由生产商和供应商组成的两级供应链协调问题的研究明显不足。

鉴于此，本书针对生产商主导的由生产商和供应商所组成的两级供应链展开分析。首先，研究融合供应商角色定位的供应链协调问题。分析在供应商选择问题中，供应商的碳排放是否已经成为供应商选择的要素之一，进而明晰如何有效选择供应商。其次，研究以供应商选择和订货量分配为主的实施供应链协调所要解决的关键问题，即在碳排放控制条件下，生产商如何通过订货量在不同供应商之间恰当的分配，达到经济效益与碳排放均衡的目的。最后，研究基于碳排放控制条件下供应链协调实现的现实途径。在碳排放控制条件下，分析如何借助供应链协调达到生产商与供应商经济效益均不减少且碳排放得到控制的双赢目标。

首先，本书研究碳排放是否成为供应商选择要素之一。针对供应商选择要素而言，企业除关注成本、质量、售后服务水平等基本供应商选择要素外，还需兼顾其他如声誉、生存能力、柔性生产能力、信息化水平等要素。以 Dickson（1966）对供应商选择要素研究为契机，众多学者对供应商选择要素展开研究，在现有的供应商选择要素中，更多的是将价格、质量、服务等作为供应商选择主要因素，而较少考虑碳排放因素。虽然在可持续供应链研究中兼顾经济、环境、社会三方面因素，且碳排放隶属于环境因素，但鉴于环境问题的宽泛，较难从供应商选择这一供应链局部问题出发加以详尽分析碳排放对供应商选择的影响，故在以往供应商选择中较少考虑碳排放因素。随着环境问题的日益凸显，碳排放作为供应商所选择的因素之一，其地位及对供应商选择的影响理应受到重视。

随着碳排放问题日益受到关注，传统的原材料采购到产品输出的二维交易模式，逐渐改变为加入碳排放的三维交易模式。事实上，碳排放成本已经成为原材料成本中的重要组成部分。依据 Trucost（2011）的统计数据，供应链中 19%的碳排放源于企业自身直接碳排放，而其余 81%则源于其他间接碳排放，如一级供应商的碳排放、能源供应商的碳排放及其他供应链成员的碳排放。因此，供应商碳排放将对生产商产生重大影响，生产商在选择供应商中需要重点考虑碳排放因素，碳排放也影响生产商对供应商的选择。本书基于生产商碳信息披露质量的视角研究供应商的碳排放对生产商碳信息披露质量的影响。温室气体排放协议（Green House Gas Protocol，GHG Protocol）将碳排放划分为直接碳排放和间接碳排放，在控制相关变量的基础上，本书试图厘清碳排放量与碳信息披露质量之间的关系，尤其是间接碳排放量与碳信息披露质量之间的关系，以便进一步验证在供应商选择中碳排放因素的重要性，进而有助于进一步科学地选择供应商。

其次，研究如何借助订货量在不同供应商之间分配达到碳排放与经济效益均衡。供应商选择是在综合考虑各种定性及定量因素的基础上，以选择不同供应商的总成本最低为目标，进而确定最优供应商。供应商选择成本主要包括融合碳排放成本的采购成本，碳排放的减少往往伴随着碳排放成本的增加，如何在经济效益和环境保护之间取得均衡，不仅是政府，而且是企业面临的焦点问题之一。在不显著增加供应商选择成本的基础上，有效控制碳排放量，进而达到经济效益和环境保护的均衡，实现企业的可持续发展，是企业理想的发展模式。在确定需求、随机需求等不同外部环境下，企业面对单个供应商时的经济订货量，或面对多个供应商时在不同供应商之间订货量的分配，是解决此问题的有效途径。因此，本书研究的第二个问题是在碳排放控制条件下，如何在选定供应商之间通过订货量的调整，达到碳排放成本与采购总成本之间的均衡。

最后，探讨碳排放控制下的由生产商和供应商组成的两级供应链协调实现的现实途径。碳排放产生于供应链的各个环节，单纯从供应链某一环节入手，很难达到有效降低碳排放的目标，只有将供应链各成员统一纳入产品碳排放管理中，才有可能避免“上推”或“下压”式的减排方式，从而真正减少产品的碳排放。因此，在碳排放控制条件下，如何借助供应链协调达到既控制碳排放又不减少利润的双赢目标是本书研究的主要内容之一。在生产商恰当选择供应商的基础上，由生产商和供应商所组成的以生产商主导的两级供应链中，针对特定外部环境，如何既保证供应链各成员的经济效益又有效降低碳排放，是供应链管理中的一个重要问题。通过供应链契约安排的供应链协调是解决这一问题的有效途径，借助供应链契约安排，可以有效调节供应链各成员的活动，进而达到既不减少供应链各成员利润又有效减少产品碳排放的双赢目标。作为实施供应链协调机制的一个重要契约，收益共享契约相比回购契约、折扣契约等有着自身明显的优势。尤其是面对需求不确定且受碳排放约束的外部环境时，生产商如何通过供应链契约在保证供应商收益的同时鼓励供应商减少碳排放，是值得研究的问题之一。除了政府强制命令控制碳排放以外时，征收碳税及碳排放交易机制是政府基于市场控制碳排放的两个主要手段，通过对碳税税率以及碳排放交易金额对订货量及供应链利润影响的分析，明晰政府如何借助这两个手段在碳排放控制及经济发展之间找到平衡点。因此，本书研究的第三个问题是基于市场的碳排放控制条件下，如何通过供应链契约安排协调生产商和供应商之间的行为，进而达到生产商与供应商的收益均增加且碳排放减少的双赢目标。同时，为政府借助碳税及碳排放交易机制，在有效控制碳排放的前提下促进经济发展提供技术支持。

1.2 研究目的与研究的意义

1.2.1 研究目的

供应链协调问题是供应链管理领域的重要问题之一，通过对现有国内外学者的研究进行梳理，可以发现，在供应商选择要素中，主要考虑购买价格、产品质量、供应商服务等因素，较少考虑碳排放因素。在目标规划模型中，具体针对考虑碳排放成本控制的供应商选择问题的研究更为少见。在供应链协调的研究中，针对低碳供应链的研究国内尚处于起步阶段，基于收益共享视角的低碳供应链协调问题的研究较少。本书针对考虑碳排放的供应链协调问题的研究，主要达到的研究目标包括：

（1）厘清供应商的间接碳排放量与生产商的碳信息披露质量之间的关系

生产商碳信息披露属于对外信息披露中一项重要内容，其既受监管法规的制约，又会对生产商融资等产生重要影响。碳排放包括生产商的直接碳排放、购买能源的间接碳排放以及其他间接碳排放。与其他信息披露不同的是，生产商的碳信息披露与供应商的碳排量存在密切联系。本书通过对生产商碳信息披露质量与供应商碳排放量之间关系的研究，找出两者之间的内在联系，进而分析影响供应商碳信息披露质量的因素，为提高碳信息披露质量提出切实可行的建议。

（2）明晰碳排放在供应商选择因素中所处地位

供应商选择是一个融合各种因素的多目标决策问题，尤其是战略供应商的选择，需慎重考虑各种定性、定量指标，进而找到适合自身现实情况的恰当供应商。目前，学者对供应商选择要素的研究主要集中在价格、质量、服务等几个方面，以及包含在可持续供应链中的环境和社会因素，较少涉及碳排放因素。随着《京都议定书》的实施及全球各国对碳排放的高度关注，碳排放理应成为选择供应商时所需考虑的因素之一。因此，本书通过对以上海汽车工业为代表的行业的调研，研究碳排放在选择供应商时是否成为供应商选择的要素之一，以及碳排放与其他供应商选择要素之间的关系。

（3）分析如何通过订货量的调整策略达到生产商碳排放成本与效益之间均衡的目标

供应商选择及订货量分配问题是供应链管理领域的热点问题，目前，对此问题的研究主要体现在综合考虑供应链风险及收益的前提下，确定合理的供应商数目，以达到风险与收益的平衡，进而分析面对不同的外部环境，如在价格或数量折扣、单产品或多产品、外包或自产等多种不同因素情况下，如何恰当地在不同供应商之间合理分配订货量。本书研究在单个生产商面对一个或多个供应商时，针对确定需求或随机需求，订货量的变化对生产商品时的碳排放成本及总成本的影响，进而找到通过订货量的调整达到碳排放成本与总成本之间均衡的有效途径。

（4）研究达到生产商和供应商的收益均增加且产品碳排放降低目标的供应链协调现实途径

鉴于碳排放产生于供应链的各个环节，单纯从供应链的某一环节入手难以达到有效减少碳排放的目标，从供应链作为一个整体系统的角度出发，以生产商和供应商组成的两级供应链为代表，分析如何通过供应链协调来达到生产商和供应商的收益均增加且产品的碳排放降低的目标。收益共享契约是供应链调节的一个主要手段，本书研究生产商通过与供应商共享收益的方式，来促使供应商投入更多资金用以减排，进而从总体上减少产品的碳排放。碳税及碳排放交易机制是控制碳排放的两个有效的市场手段，本书研究的另一个问题是在不同的碳税及碳排放交易机制的环境下，生产商如何确定分配给供应商的收益共享比例，以达到供应链协调的目标，即双方收益都增加且产品碳排放减少的双赢目标，进而为政府有效控制碳排放提供依据。

1.2.2 研究的意义

（1）理论意义

基于理论角度，供应商协调问题是供应链各成员在供应链契约下的博弈问题，通过本研究厘清各要素间（尤其是碳排放与其他要素间）

相互作用的内在机理，有助于完善采购决策相关理论。借助对供应商碳信息披露动机的分析，为强制及自愿披露信息理论提供支撑。针对利用在选定供应商之间订货量的调整以达到采购成本和碳排放之间的均衡，进而提高企业实际竞争力的现实途径的研究，进一步验证竞争优势理论。通过基于收益共享契约的供应链协调的分析，不仅可以拓展收益共享契约的应用范围，还可以验证博弈论的相关理论。

（2）现实意义

通过本研究可以帮助企业明晰在选择供应商时所应重点关注的包括碳排放在内的各种选择要素，在深入了解各供应商特性的基础上，帮助企业制定在选定供应商之间较为合理的订货量分配方案，从而在采购成本增加和碳排放减少之间取得有效的均衡。面对由生产商和供应商组成的两级供应链，帮助生产商针对选定的供应商利用供应链协调达到收益增加及碳排放减少的双赢目标。同时，本研究既能辅助企业编制应对碳排放额度和碳排放价格等变动时的预案，也可为政府部门制定基于供应链的碳排放政策，提供有益的启示，以便有效减少实际碳排放。

1.3 本书结构与研究内容

在前期相关研究的基础上，制定了本书的研究框架，全书共分为七章，各章具体内容如下：

第一章：介绍本书的研究背景、研究内容、技术路线及研究意义等。面对由碳排放过量引发的全球气候变暖的现状，在碳排放控制条件下，结合如何实施在不同供应商之间订货量分配，以及由生产商和供应商组成的两级供应链协调提出本书的主要问题，进而构建本书的具体框架，制定研究内容，针对研究问题选择恰当的研究方法，并提出本书的创新点及研究意义。

第二章：对目前有关碳排放、供应商选择以及供应链协调等问题研究现状加以梳理。本书的关键内容是碳排放是否成为供应商选择要素之一。针对信息披露质量与公司业绩之间的关系，以及影响信息披露质量因素的分析，是碳排放尤其是以供应商为主的间接碳排放，与生产商碳信息披露质量及业绩是否有关的基础。面对确定需求及随机需求下，供应商数目的确定及订货量分配的研究，是本书融合碳排放因素的研究基础。在碳排放控制条件下，如何通过供应链协调来达到生产商和供应商收益增加且碳排放得到有效控制是本书研究的主要问题之一。

第三章：碳排放控制下的供应链协调理论框设计及问题分析。鉴于碳排放产生于供应链的各个环节，在基于供应链视角测度碳排放的基础上，以苹果公司为例，说明在碳排放控制条件下，碳排放成本如何恰当在各供应链成员间分摊，进而对碳排放控制下的供应链协调所存在的主要问题进行分析，并力图找到从供应商选择、订货量分配、生产商与供应商的两级供应链协调三个方面解决问题的现实途径。

第四章：研究碳排放成为供应商选择要素的原因、所处地位及碳排放与其他要素之间的关系。在供应商选择要素中，包含价格、质量、服务等传统因素，以碳披露项目中世界500强公司为例，通过研究间接碳排放与碳信息披露质量之间的关系，分析碳排放成为供应商选择要素的原因；以上海汽车工业为例，分析在供应商选择中碳排放所处地位及其与其他因素间的相互作用关系。

第五章：研究碳排放是确定需求下，如何通过对单个供应商的订货策略调整达到控制碳排放的目标。基于经济订货量（Economic Order Quantity，EOQ）模型，分析在以总量控制为主的碳排放交易机制下，碳交易价格、碳分配额度及惩罚成本等因素变化对经济订货量及总成本的影响，为生产商通过订货量调整达到碳排放成本和总成本之间的平衡提供决策支持。同时，研究模糊环境下多个供应商的选择及订货量分配问题。在模糊环境下，考虑碳排放因素及其与其他供应商选择要素之间相互作用的关系，采用模糊网络层次分析法（Fuzzy Analytic Network Process，FANP）与模糊多目标线性规划相结合的方法，确定供应商的选择及在不同供应商之间的订货量分配，从而达到成本较低且碳排放较少等多个目标。

第六章：研究在碳排放控制条件下，由生产商和供应商组成的两级供应链的协调问题。针对具有系统特性的供应链，单独从供应链某一环节入手，不能有效减少碳排放。本书研究在联合决策条件下，最大利润及最小碳排放时的生产量以及碳排放量。分析在分散决策时，生产商如何采用收益共享契约，将部分利润分配给供应商，在不减少双方各自利润的前提下，鼓励供应商加大减排投入额，从而减少供应链碳排放，进而达到双赢的目标。

第七章：总结与展望。对全书主要结论进行了总结，依据研究结果分析给管理者所带来的启示，并指明了研究的局限性及未来研究的方向。

整体章节安排如图 1-1 所示。

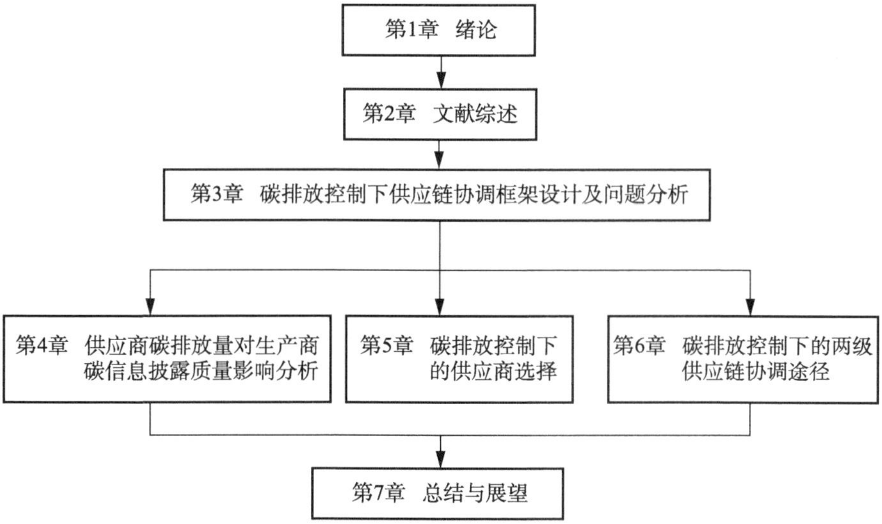

图 1-1 研究的逻辑框架

1.4 研究方法

本书主要采用定性和定量相结合、规范与实证相结合的研究方法。具体而言，结合研究内容采用恰当的文献研究、定性研究、定量研究等研究方法。

文献研究：研究工作是在对相关文献分类汇总的基础上，进一步深入展开对某个具体问题的研究。对已有研究成果的分类综述必不可少。首先，本书对影响供应商选择的要素进行了归类，着重对已有的包含环境因素的可持续供应链中关于供应商选择的要素加以分析；其次，对以线性规划、成本分析法等为主的供应商选择方法加以归类分析；再次，针对目前常用的供应商选择方法加以分类综述；最后，对供应链协调及以收益共享契约为代表的供应链契约进行归类分析。

定性研究：定性研究是社会科学的主要研究方法之一，是通过对现象的归纳总结得出相应的结论。例如，对信息披露质量影响因素的分析，主要通过对信息披露主体动机的分析，找到信息披露的各种内在原因，为从碳排放角度分析信息披露奠定基础。

定量研究：定量研究是采用数量化的方法对所研究问题进行分析和解释的研究规范。在本书中通过构建多元线性模型来分析间接碳排放与碳信息披露质量之间的关系，通过建立生产商成本最小化、碳排放最小化等单目标及多目标规划模型，并采用恰当的求解方法，进而确定最合适供应商及不同供应商之间订货量的分配。借助收益共享契约比较联合决策及分散决策的利润差异，确定生产商利润分配给供应商时的合适比例。

1.5 研究创新之处

本书在现有文献的基础上，做了以下几点创新：

第一，研究证实以供应商为主的间接碳排放对生产商碳信息披露质量产生重大影响。以总部在欧盟的世界500强公司为例，采用实证研究方法研究以供应商碳排放为主的间接碳排放与生产商碳信息披露质量之间的关系，研究表明两者之间存在显著正相关关系，从而证实在供应商选择中应考虑碳排放因素。

第二，提供借助供应商选择达到碳排放与经济效益之间均衡的途径。在构建考虑碳排放因素的单个及多个供应商选择和订货量分配的多目标优化模型的基础上，采用模糊网络分析法对问题求解，研究结论表明可以借助订货量调整达到碳排放与订货成本之间的均衡，进而分析在以碳排放交易价格、碳排放配额等为主的外部环境变化下，生产商如何借助供应商选择及订货量分配达到既满足碳排放控制要求又不降低经济效益的目标。

第三，构建基于收益共享契约的碳排放控制下供应链协调模型。在碳排放控制条件下，构建基于收益共享契约的供应链协调模型，研究表明，生产商可以借助将利润在供应商和生产商之间的分配，达到既不降低双方利润又有效控制碳排放的双赢目标，进而分析碳税变化条件下生产商如何通过将利润分配给供应商以达到碳排放与经济效益均衡的目标。

1.6 本章小结

在造成全球气候变暖的碳排放问题的背景下，本章首先介绍了本书重点研究的三个主要问题，即碳排放在供应商选择要素中所处地位、如何借助订货量调整达到碳排放与经济效益的均衡，以及碳税和碳排放交易机制下的供应商与生产商的两级供应链协调问题。其次，从理论及实践的角度介绍了本书的理论意义及实际意义，接着提出了本书的研究思路，并对全书各个章节的研究内容进行了概括和总结。最后，结合研究内容提出了本书的创新点。

第2章

文献综述

碳排放控制下的供应链协调策略涉及碳排放问题相关研究、供应商选择以及供应链协调三大部分内容。本书从碳排放基本概念的界定入手，结合碳排放测度、碳信息披露、碳排放控制方式及相关碳排放控制组织，对考虑碳排放因素的供应商选择、订货量分配以及包括生产商与供应商的两级供应链协调等问题进行总结和述评。

2.1 碳排放问题相关研究

2.1.1 碳排放相关概念

碳排放（Carbon Emissions，CE）是指以二氧化碳为主的温室气体的排放量。碳排放产生的主要原因是燃料燃烧不充分而不能正常转化为对人体及环境基本无害的水和二氧化碳等，而由此形成的碳氢化合物、燃烧中间物一氧化碳、固体碳烟颗粒物（PM）等势必对环境造成污染。当然，除去燃料燃烧不充分的原因外，人口的增加及经济的持续发展，也会对碳排放产生重要的影响。

碳足迹（Carbon Footprint，CFP）是与碳排放相关的另一概念。碳足迹是植根于生态足迹发展起来的衡量温室气体排放量的主要环保指标，英国的碳信托（Carbon Trust）公司将碳足迹定义为：用以确定和衡量每件产品或每一项活动的供应链流程中温室气体总排放碳当量的一种明确的方法和技术，其将碳足迹定义为一种常用的测度碳排放的指标。学术界对碳足迹的定义是：社会活动或某一产品生命周期过程中产生的二氧化碳排放量。本书沿用与学术界相近的定义，将碳足迹定义为与碳排放相同的概念，即同为以二氧化碳为主的温室气体排放量。温室气体包括二氧化碳在内的多种气体，单位温室气体可以按照比例转化为一定当量的二氧化碳，因此，温室气体的排放也可以转化为二氧化碳的排放。本书不再区分温室气体和碳排放的区别，而统一称为碳排放。常用的碳排放测度指标是联合国政府间气候变化委员会（United Nations Intergovernmental Panel on Climate Change，IPCC）颁布的以碳排放对全球变暖潜能（Global Warming Potential，GWP）影响度的指标。常见气体的 GWP 值分别为：二氧化碳（CO_2）为 1、甲烷（CH_4）为 21、一氧化二氮（N_2O）为 310、六氟化硫（SF_6）为 23900、氢氟碳化物（HFCS）为 12—11700、全氟化氮（PFCS）为 6500—9200。

鉴于碳排放对全球气候变暖的影响日益显著，国内外学者针对碳排放的测度及其管理展开了研究。具体而言，针对碳排放测度，Padgett 等[3]以美国的 10 种碳足迹计算方法为例，分析了其中的差异及相同点，提出提高计算方法一致性和透明度的必要性。Ratnatunga 等[4]研究基于排放交易机制下的碳计量问题，并提出以环境能力强化资产（Environmental Capability Enhancing Asset，ECEA）作为测度碳排放的指标。Milne 等[5]基于会计和企业责任对气候变化有规律的几个关键领域展开研究，研究表明鉴于估计方法的不确定性，碳排放计量面临重大挑战。就碳排放管理而言，Minx[6]采用推广的多地区输入—输出模型，分析碳足迹在国际贸易、供应链等方面的具体应用。Angel 等[7]基于准多地区输入—输出模型，从理论上研究英国在产品生产和提供服务中由于能源消耗所导致的碳排放增加，并提出加强再生能源利用是解决较高碳排放的有效途径。Lam[8]采用地区能源簇的方法研究碳足迹最小化以及有效管理地区能源的方法。Leonardi 等[9]以海上运输为代表研究国际物流供应链的碳排放，通过不同船只和路径的设计在最长距离的运输中可以减少约 20%的能源使用。Sundarakani 等[10]建立了静态和动态环境下基于供应链全局的碳排放分析模型并进行数值验证，论证了碳排放在供应链设计中的重要地位。Lee[11]以韩国汽车行业为例，采用生态控制（Eco-Control）方法识别碳排放业绩测度，研究发现生态控制方法可以提供碳排放业绩测度与碳排放管理战略标准。国内学者对于碳排放的研究，随着时间推移也正在逐步展开，于小迪等[12]在对国内外碳足迹研究现状分析的基础上，对其发展前景进行了展望。卞晓红等[13]对国内外碳足迹相关研究进行了评析。杨传明[14]具体针对碳足迹概念内涵、计算方法及研究尺度等方面分析现有研究问题，并对今后研究进行了展望。

评价碳排放量水平的前提条件是需要明确碳排放测度的范围以及测度所使用的工具。明确的边界界定是进行碳排放测度的基础，碳排放产生于原材料购买、运输仓储、生产加工、销售及售后服务等供应链各个环节，单纯从某一环节入手难以准确测度碳排放，因此，与单个企业边界界定不同，碳排放测度边界不应仅在企业的“四面墙”之内，而应扩大至从原材料采购到包括废品回购等在内的整个闭环供应链，只有这样才能准确测度碳排放量，进而准确进行产品碳排放标示。单从供应链某个环节入手，会导致企业采取各种手段“上移”或“下推”碳排放，从而减少某个环节的碳排放，还有可能增加整个供应链碳排放量，进而增加最终产品的碳排放量。当然，碳排放边界的复杂性及模糊性会导致双倍甚至三倍的重复计算碳排放，因而准确的碳排放边界的界定对于碳排放测度就显得极为重要。Canals 等[15]以克诺尔品牌产品为例，采用生命周期法分析产品总的碳排放量。Espionoza 等[16]以英国面包生产为例研究在其生产和消费过程中的碳排放，研究发现碳排放主要发生在冷冻储藏及烘焙阶段，而在运输及包装方面较低。Jaegler 等[17]通过对模拟合作网络组织的三级供应链，以及对生产能力、地点、运输方式及产品类型四个可变变量的调整，来比较不同情境及不同参数下的碳排放量。Schaltegger 等[18]在比较基于公司内部的不同碳会计方法应用的基础上，提出区别碳会计实体及货币方法的结构性概念，并提出碳会计范围应扩充到供应链及产品生命周期。刘宇等[19]对碳排放量计算方法进行了梳理，并基于投入—产出法分析不同考虑因素对碳排放量计算产生的影响，进而得出各种条件变化情况下的计算偏差。

在准确界定碳排放边界的基础上，针对碳排放的有效测度不仅需要恰当的工具和方法，而且需要全球通用的统一规范的标准。具体针对碳排放测度对象的不同，可分为对企业和个人的碳排放测度工具。目前较为常用的个人碳排放测度工具是由英国碳信托公司开发的用以测量个人碳排放的软件，用户只需输入个人相关信息，即可得到相关碳排放量。就企业而言，目前测度碳排放的标准主要包括以下三个：一是按照世界资源协会和世界可持续发展商业理事会（World Resources Institute & World Business Council for Sustainable Development）的标准，碳排放包括直接碳排放、购买电力及能源等间接碳排放和其他间接碳排放；二是国际标准化组织（International Standard Organization，ISO）自 2005 年起陆续制定并颁布的关于碳排放的国际标准 ISO 14064 等一系列标准，其中包括碳排放量化、查证、碳中和以及基于产品生命周期的碳排放量化等具体规范；三是英国标准协会（British Standards Institution，BSI）颁布的公共可用说明书（Publicly Available Specification，PAS），详细说明从生命周期角度评价产品或服务的碳排放要求，这项说明得到碳信托组织及英国环境、食品部的联合支持。本书主要采用第一种测度标准，将碳排放分为直接碳排放和间接碳排放。

2.1.2 碳排放控制

实施碳排放控制的基础是真实、公允的碳信息披露，只有在此基础上，借助合适的碳排放控制方法才能对碳排放进行有效控制。

（1）碳信息披露及审计

随着对碳排放测度及管理的日益重视，越来越多的利益相关者希望得到企业更加可靠的碳排放信息。为此，2010 年 2 月美国证券交易委员会（US Securities and Exchange Commission，US SEC）提供指导说明帮助企业强化与气候相关领域的信息披露。事实上，碳排放规则制定及规范的披露在一些工业化国家已经实施若干年，并间接导致碳排放的减少（Melosi，2004）。碳信息披露与其他财务报告的不同在于其具体碳排放规则的不统一，如采用温室气体排放协议或国际标准化组织的 ISO 14064 等。

依据可持续供应链关于经济、环境及社会等“三重底线”的标准，碳排放属于环境管理的范畴。事实上，碳信息披露最早也是融合在环境信息披露中，而环境信息披露也较多融合在社会责任信息披露中（Ingram et al.）[20]。国外与此相关的研究主要包括：Montabon 等[21]采用 45 家公司报告中的环境及商业业绩的数据，研究发现公司环境管理与公司业绩之间呈显著的正相关。Patten 等[22]研究发现较高的环境信息披露水平与在因特网的信息披露存在正相关关系。Al-Tuwaijri 等[23]研究发现环境业绩与经济业绩以及可计量的环境信息披露相关。Hassel 等[24]的研究则支持成本关注学派，即环境业绩与公司价值呈负相关。Dualiwal 等[25]研究得出以前年度权益资本成本较高的公司具有较高披露社会责任报告的动机，且社会责任的披露有助于公司权益资本成本的降低。

针对碳信息披露而言，国外的研究主要包括以下内容：

一是碳信息披露标准。世界资源协会和世界可持续发展商业理事会（2010）在2006—2009年度温室气体协议的基础上，公布了基于产品生命周期的会计报告准则，详细介绍了基于产品的温室气体会计的原则、目标、范围、温室气体数据收集及计算、对外报告等内容，其影响日益扩大。与此同时，Adolfo[26]提出了基于MC3财务报表的产品碳排放评价方法。

二是碳信息披露方式以及影响因素。针对碳信息披露方式而言，Bebbington等[27]研究由于碳交易而形成的碳排放分摊应属于资产还是负债，并分析关于碳排放的非财务信息披露方式。Andrew等[28]研究主流环境信息披露对碳信息披露的影响和改变，研究发现较为自律的碳信息披露以及此类型的披露与环境相关的决策有关。Rankin等[29]研究基于市场治理系统下，公司自愿进行碳信息披露的动机，研究发现自愿信息披露和公司的环境管理系统（Environmental Management Systems，EMS）、碳信息披露项目（Carbon Disclosure Project，CDP）的公共报告及公司治理质量相关，而报告的可信度除与公司环境管理系统、对CDP的公共报告有关外，还与全球报告倡议（Global Reporting Initiative，GRI）有关。Clarkson等[30]研究发现自愿环境信息披露与反映环境业绩的GRI呈正相关。Brammer等[31]以英国较大的450家公司为代表研究影响公司环境信息披露质量的因素，研究发现公司规模及所处与环境关系密切的行业和环境信息披露质量相关，而媒体的作用对于自愿信息披露的影响并不显著。Crawford等[32]以较为严格的规则为主的法国和以自由市场为代表的美国的公司为例，研究发现法国公司其社会责任信息披露质量较高。Ashcroft等[33]以美国和加拿大融入财务报告中的环境报告为例，研究发现会计准则有助于公司强化财务报告中的环境事项。Sullivan等[34]以英国零售业为例研究投资者和公司报告之间的关系，研究发现自愿报告并不能满足投资者对碳排放等环境信息的需求，理想的报告应为强制报告与自愿报告相结合。Freedman 等[35]通过对化工、能源、石油及天然气、汽车等产业的 120 家上市公司的年度报告、环境报告及网站公布信息的研究，发现来自签订《京都议定书》的国家的公司其信息披露指数要高于其他国家的公司，跨国公司运营所在国签订《京都议定书》但总部所在国未签订的其与低信息披露指数无关。Depoers 等[36]通过对法国上市公司自愿碳信息披露的调查发现，公司报告中的碳排放量要低于碳排放披露项目中的碳排放量，且当两者数据不一致时公司会增加在碳排放披露项目中数据的可追踪性。陈华等[37]通过指数法构建碳信息披露指数，进而对我国 A 股上市公司碳信息披露进行了分析。

与国外相比，国内分析环境信息披露质量影响因素的文献较为丰富，如汤亚莉等[38]构建了我国上市公司环境信息披露指数，发现公司规模及财务业绩是影响环境信息披露指数的两个主要因素。王建明[39]以沪市上市公司为例，分析得出行业和外部环境监管制度对环境信息披露有显著影响。具体分析碳信息披露质量影响因素的文献相对不足。何玉等[40]以标准普尔 500 企业为样本研究碳信息披露、碳业绩与资本成本之间的关系，研究表明资本成本与碳信息披露呈负相关，对于碳业绩好的企业尤为如此。碳信息披露与碳业绩呈负相关。目前研究更多体现在对碳信息披露体系的构建（汪方军等；谭德明等）[41,42]、提高碳信息披露质量对策（张巧良）[43]等规范性研究上，缺乏对影响碳信息披露质量因素的实证分析。在公司社会责任日益凸显的当今，有效减少环境污染是公司应承担的主要社会责任之一，国外更多是从社会责任角度分析其对公司运营的影响，较少研究碳排放量对信息披露质量的影响，基于供应链层面分析碳信息披露质量影响因素的文章更为匮乏。

三是碳排放信息审计问题。Olson[44]研究碳排放财务报告与一般财务报告的区别，具体如表 2-1 所示。由于碳排放审计与其他财务审计的明显区别，碳排放审计需要具有运营知识、会计业务处理能力并理解运营数据与碳排放数据之间关系的跨学科的技巧。Edwards 等[45]研究与在线零售及传统碳审计相关的方法。McKinnon[46]研究由于基于供应链单元层面的碳审计以及与产品碳标示相关的困难性和高成本性，基于产品的碳排放审计不失为一种较好的审计方法。

表 2-1 碳排放报告与财务报告的区别

财务报告领域	发达国家的财务报告	碳排放财务报告
法律环境	受托责任较易理解并有现成的法律判例，虚假陈述会面临刑事诉讼	规则及公司的主管责任未明确建立，判例仅在毒气泄漏等中有
规则环境	来自政府的立法相对清晰，对于不当陈述需要重述或面临罚款	对于不同工业不同地区法律的卷入程度不同，EU-ETS 是对大的排放者强制执行的例子
标准成熟度	标准建立良好并经过测试，有着清晰的结构，如 GAAP 或 IFRS，较少存在双重计量或少计的问题	标准在不停地演化中，导致不同工业采用不同边界。标准主要包括 GRI 和 GHG 协议
组织参与者	所有上市公司以相同水平为投资者提供透明信息	虽然公司在增加，但并不是所有公司都提供可持续报告
参与原因	要求所有上市公司审计其财务信息	报告被设计用来反映公司社会责任、碳排放减少动机
会计计量方法	会计借贷和会计方法易理解，被广泛使用	计算需要底层供应链和运营数据，影响因素不准确

四是与碳排放信息相关因素分析。Huang 等[47]采用投入—产出法研究公司碳排放，研究发现与一般认为的 SCOPE1 和范围 SCOPE2 是显著碳排放来源不同，间接碳排放尤其是 SCOPE3 是碳排放主要来源。Stanny 等[48]研究对机构投资者而言影响企业披露与气候变化相关项目决策的因素，研究表明公司规模、以前年度披露和海外销售公司披露与

气候变化相关的信息有关。Prado-Lorenzo 等[49]研究影响与碳排放及全球范围内的气候变化相关的公司信息披露的因素，研究发现公司规模、资产负债率等与基于碳排放的全球主动报告（Global Reporting Initiative，GRI）指数的信息披露存在直接关系，而权益收益率（Return on Equity，ROE）与信息披露呈负相关关系。

五是对碳信息披露的反映及未来发展方向。Kolk 等[50]以 CDP 中机构投资者促使公司披露更多有关气候变化的信息为例，研究公司对与碳排放报告机制相关的气候变化的反映。Campbell 等[51]以报告的主要使用者，即英国卖方分析师为代表，研究发现环境风险并未得到应有的重视。碳信息披露作为环境信息披露及可持续会计和报告的一部分，将有极大的发展前景。Hopwood[52]提出了有关碳排放和公司环境报告的一系列需要以后研究的问题。Acerete 等[53]以西班牙高速公路收费特许权获得者的财务报表为代表，研究发现准则所要求的环境信息披露仍处于最低水平。Burritt 等[54]研究发现可持续会计报告将有较大的发展空间。

高质量的碳信息披露无疑会提高公司的竞争力，鉴于此，许多公司声称他们的产品、生产甚至整个供应链均为环境友好型，因为他们正积极采取激励措施努力在供应链的各个环节有效降低碳排放，进而达到从总量减少碳排放的目标。这些公司正在把可持续发展与品牌战略相结合，并力图在市场中取得最优结果，即用于减少碳排放的投资能获得最优投资回报率。在安永全球调查中，大约有40%的公司相信公正的分析师在进行公司评估时会考虑碳排放因素。

（2）碳排放控制方法及组织

目前，政府部门对于碳排放的控制方法主要包括行政手段和以征收碳税和碳排放交易，系统等为代表的市场手段，或者两者兼而有之。政府以行政手段强制限制碳排放，是政府被迫所采用的强制措施，而通过市场手段来减少碳排放是世界各国较为通行的做法，利用市场这只

"看不见的手"逐步成为各国政府减少碳排放的主要措施。就征收碳税而言，Wu 等[55]以电力行业为代表，研究征收排污税对电力供应链网络产出均衡、各决策者之间关于电价交易以及所产生的总碳排放量的影响。Nagurney 等[56]研究不同碳税征收方式对电力供应链网络的影响，从而帮助决策者制定恰当的碳税征收方式，以便在碳排放与电力供应之间取得均衡。

依据《京都议定书》的要求，各国主要依靠清洁发展机制、联合履约及排放交易等实现对碳排放的控制。清洁发展机制是发达国家向发展中国家提供技术、资金支持帮助其减少碳排放，进而获得碳排放信额的一种机制。联合履约是发达国家通过向不发达国家援助等方式，减少其碳排放的一种方式。排放交易是指在排放限额下不同主体间通过交易使双方都低于碳排放限额的一种方法，排放交易是目前应用较多且较为广泛的一种机制，尤其是欧盟的碳排放交易机制（EU-ETS），其已经得到联合国的推广。鉴于碳排放交易量的不断增加，世界各地逐步建立了碳排放交易市场，其中比较具有代表性的有芝加哥交易所、伦敦交易所等。我国也已初步在北京、上海等地建立了碳排放交易市场，并在 2015 年开始逐步定点实施碳排放交易。Mackenzie[57]研究了碳交易市场的发展问题，其重点关注不同气体度量的统一及排放权标准的统一。

碳交易是在主要权力机构（政府或国际组织）强制规定的碳排放限额（碳帽）下，允许公司从碳排放低于碳排放限额的公司购买碳排放额度的一种机制。碳交易是基于碳帽和交易（Cap and Trade）下的一种机制，这与传统控制碳排放策略的不同在于，其是从总量对碳排放加以控制的一种依靠市场的方法。这就迫使供应链管理者需采取有效方法加以应对。公司需要考虑应采用何种措施使碳排放低于碳帽，即与当前碳排放价格相结合综合考虑采取各种措施所花费成本的高低。交易系统将所有参与者都纳入这一体系，目的是以最小成本来满足碳排放限额的要求，对于当事人的决策也变得相当简单，即减排或者购买（Make or Buy）。要么采取措施减少碳排放，要么从其他公司购买碳排放限额。

排放交易是应用较多且相对较为成熟的一种机制，以欧盟的碳排放交易机制为代表。其具体如图 2-1 所示。

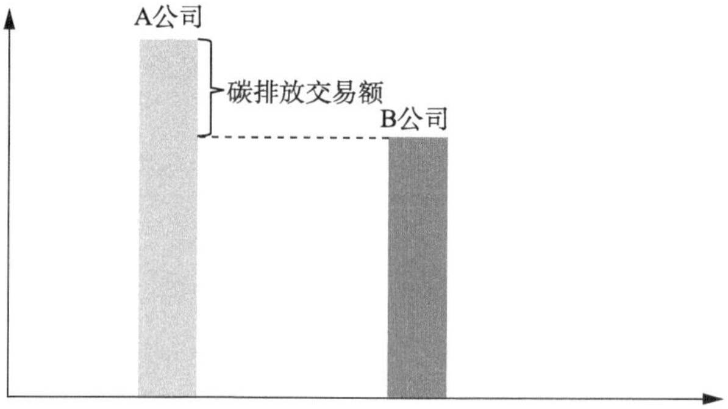

图 2-1　碳排放交易示例

假设 3000 万为碳排放限额，A 公司超出碳排放限额，而 B 公司低于碳排放限额，此时，B 公司可以将低于碳排放限额的部分，通过碳排放交易市场卖给 A 公司，在 A 公司通过碳排放交易获得收益的同时，B 公司碳排放量也低于碳排放配额。

欧洲是碳排放交易市场建立较早且较为完备的地区之一，是世界范围内运营较为成熟的市场之一。Engels[58]研究了在欧盟碳排放交易机制下公司应如何说明与碳排放相关的问题。Braun[59]研究了欧盟碳交易机制的发展及所面临的尴尬问题，研究表明政策制定者应在碳排放交易机制中发挥更大的作用。

2.1.3　述评

虽然碳排放过量问题正日益受到理论界及实务界的关注，但关于碳排放概念的内涵界定目前尚未统一，针对碳排放测度的标准也不统一。

融合环境会计理论及方法的碳足迹信息披露具有较强的可操作性，也易为信息披露主体所接受，但由于缺乏统一的披露理论基础及准则体系，使信息披露缺乏基本的公允性和可靠性，针对碳信息披露的审计以及影响因素也有待于进一步分析。除了依靠行政命令控制碳排放外，基于市场的碳税及碳排放交易系统正逐步成为政府控制碳排放的主要手段，如何在碳排放与企业经济效益之间取得均衡是政府和企业均需关注的问题之一。

2.2 供应商选择

2.2.1 供应商选择要素

1. 常用供应商选择要素

供应商选择是一个在战略决策层面包含半结构化程序且多主体参与的融合多个参数的多目标决策问题。对公司而言，供应商选择具有战略地位，其本质通常是复杂且非结构化的。

供应商选择要素确定是恰当选择供应商的一个基础问题，只有在明确供应商选择要素的前提下，才能依据供应商选择要素科学地选择出适合自身需求的有效供应商。影响供应商选择的因素较多，Dickson[60]将影响供应商选择的因素划分为 23 个不同的指标，经进一步分析，确定质量、成本等是选择供应商的主要因素。Weber 等[61]在对 1967—1990 年发表的与供应商选择评价有关的 74 篇文献分析的基础上，得出价格、送货和质量等是最重要的选择因素。以此为契机，学者们陆续对此问题展开研究，并逐步将订货量在不同供应商之间分配问题融入其中，具体如表 2-2 所示。

表 2-2 常用供应商选择要素

作者	供应商选择要素
Patton[62]	产品价格、质量和交货
Muralidharan 等[63]	质量、准时交货和基础设施
Dogan 等[64]	价格、质量、服务、技术能力、组织文化和战略、财务状况
Shyur 等[65]	及时运输、产品质量、价格、设备及技术、对客户需求的反映、销售人员的专业性、与供应商的关系
Verma 等[66]	成本和运输
Wu 等[67]	单位成本
马士华等[68]	企业业绩、业务结构与生产能力、质量系统及企业环境
朱道立等[69]	技术特征、费用、用户服务及供应商特征

在以往供应商选择要素研究中，较少考虑碳排放因素，更多关注的是环境因素，Noci[70]研究得出包括清洁技术的可获性、供应产品使用原材料的类型等 13 个因素作为评价供应商环境保护业绩的绿色供应商评价要素。Hsu 等[71]研究基于绿色供应链管理之上的供应商选择中碳排放管理问题，分析了选择评价供应商时应考虑的基于三个维度的 13 个指标。

供应商选择要素并不是孤立存在的，彼此间势必存在一定联系。Tracey 等[72]采用实证研究的方法研究供应商选择要素之间相互作用的关系。Gencer 等[73]以电力公司为例采用网络分析法研究供应商选择要素之间的关系。

2. 碳排放要素

在供应商选择要素中，对于碳排放因素考虑得较少，更多是从经济、环境和社会三方面因素的可持续供应链角度以及绿色供应链角度出发进行分析。具体而言，针对可持续供应链设计，Hutchins 等[74]研究了公司的决策与社会可持续发展之间的关系。Chaabane 等[75]构建了基于可持续供应链设计结构且考虑生命周期评估原则的线性混合整数规划模型，进而用于评价铝产业在各种成本和运营战略条件下如何达到经济和环境之间的均衡，模型揭示了碳排放管理战略将有助于管理者在有效成本模式下达到可持续发展的目标。Quariguasi 等[76]研究采用数据包络分析法和多目标规划相结合的方法，重新构建物流网络结构以达到成本和环境污染的最小化。Roth 等[77]研究发现回推计算方法更适用于物流企业，明确的二氧化碳业绩合同协议将更有利于物流企业提升环境保护意识和责任。

针对绿色供应链设计而言，Tsai 等[78]采用融合作业成本法和基于价值链业绩评价的模糊目标规划方法，研究最优供应商的选择及物流数量分配问题，并以移动电话产业的绿色供应链为例进行了算例分析。Kainuma 等[79]和 Sarkis[80]分别从产品的再使用及组织外部关系处理等战略高度来分析融合环境问题的绿色供应链管理问题。Holt[81]以英国制造业为例，采用实证研究方法分析影响绿色供应链广度和深度的因素，研究发现立法和内部驱动是提高环境业绩的主要因素。Zhu 等[82]以中国汽车、火力发电、电子三个行业为代表研究绿色供应链的实施及动力，研究发现不同行业实施绿色供应链的动力不同，全球化和加入世贸组织是制造业实施绿色供应链的主要动力。Vachon 等[83]采用分层线性回归方法研究包括供应商上下游的扩展绿色供应链问题，研究发现与主要供应商和客户技术融合的情况下与环境监控呈显著的正相关关系，而与物流融合的仅与供应商相关。Lee 等[84]采用 Delphi 方法评估传统供应商和绿色供应商业绩，研究表明层次分析法将有助于评估选择因素的重要性及恰当的绿色供应商的选择。Hsu 等[85]采用 ANP 方法研究包含有毒物质管理在内的供应商选择问题。

随着碳排放问题日益受到关注，在有关绿色供应链的研究中，逐步开始关注碳排放因素，Abdallah 等[86]通过构建混合整数规划模型，研究考虑融合碳排放在内的绿色采购成本的供应链网络设计问题，以期达到最小的碳排放。Ramudhin 等[87]研究基于碳排放交易市场的绿色供应链网络设计，并构建混合整数规划模型分析如何在总物流成本和碳排放减少之间取得均衡。Lu[88]研究以碳排放为主的环境因素对供应链结构所产生的不同影响。Bojarski 等[89]采用生命周期法研究环境问题和政府规制等对供应链整体的影响，以碳排放交易机制为工具分析当前采取的政策及其效力。Pan 等[90]以法国零售供应链的公路和铁路运输为代表，研究减少其碳排放的方法，研究表明供应链网络合并是减少碳排放的一个主要方法。Benjaafar 等[91]通过将碳排放融入考虑采购、生产及存货管理的运营决策中，研究考虑碳排放的供应链管理相关问题。Marti 等[92]研究在供应链采购、制造、运输和存货管理等相互作用的不同环节下的运营和环境的均衡，构建面对需求不确定情况时各种碳排放政策下基于供应链反应所做决策的供应链网络设计模型，分析不同碳排放政策对供应链成本和网络设计的影响。

2.2.2 供应商选择方法

1. 供应商选择及订货量分配

供应商选择及订货量分配是供应链管理领域的热点问题之一，早期文献更多关注的是单纯供应商选择问题，之后逐步与订货量分配问题相结合。结合供应商选择要素，确定合适的供应商并在不同供应商之间分配订货量成为供应商选择问题的核心内容。

具体针对供应商选择问题的研究，主要包括以下几个方面：

一是供应商选择方法的研究。供应商选择及订货量分配方法从早期单纯以定性或定量方法为主，逐步转变为定性和定量方法相结合，并在此基础上分析在不同供应商之间订货量分配问题，其中比较具有代表性的方法包括：

线性加权方法。以 Saaty 等[93]提出的层次分析法（Analytic Hierarchy

Process，AHP）为代表，以及在此基础上提出了考虑要素之间关系的网络分析法（Analytic Network Process，ANP），并逐步将模糊理论与这两种分析法相结合。比如，Chung 等[94]将 ANP 方法用于解决产品组合优化问题，Chen 等[95]采用模糊方法研究在供应链管理中的供应商评价与选择问题。Chan 等[96]和 Kahraman 等[97]采用模糊层次分析法（Fuzzy Analytic Hierarchy Process，FAHP）研究供应商选择问题。Guneri 等[98]采用模糊网络分析法（Fuzzy Analytic Network Process，FANP）研究造船厂选址问题。

基于成本的方法。Roodhooft 等[99]采用作业成本法研究供应商选择问题。Timmerman[100]采用成本比率法研究如何恰当地进行供应商选择。Degraeve 等[101]采用基于作业成本法及数学规划的所有者成本方法研究供应商选择问题。

实证方法。Choi 等[102]在调查获得数据的基础上，对供应商选择中所关注影响因素的不同进行了分析。Bharadwaj[103]在构建模型的基础上，采用实证方法分析对选择供应商的因素的重视度是否存在差异。

数学规划方法。Bichler 等[104]建立了供应商选择及订货量分配的单目标混合整数线性规划模型。随着研究问题的深入，数学规划方法更多应用于解决多目标优化问题。Arikan[105]构建了一个模糊多目标混合整数线性规划模型，用于具有模糊性质的供应商选择与订货量分配问题。Ghodsypour 等[106]在综合考虑运输、采购成本以及买方资金约束、产品质量和服务等因素的基础上构建数学规划模型，进而分析了供应商选择及确定在不同供应商之间的订货量分配。Mendoza 等[107]构建了在考虑供应商能力及产品质量约束条件下最小化订货、储存及购买成本的供应商选择和订货量分配模型，并分析其优于以前模型的原因。Xu 等[108]将机会约束条件下的多目标线性规划模型用于供应商选择。Feng 等[109]构建了在多个服务外包行业中的多目标供应商选择问题模型，并采用禁忌搜索方法对问题求解。

基于数据包络分析法（Data Envelop Analysis，DEA）。Saen[110]采用一种新的地区不精确数据包络分析法研究对于有权重限制且数据不精确的最优供应商选择问题，并研究考虑有序数据下的供应商选择问题[111]。

基于 TOPSIS 的方法。Boran 等[112]将模糊 TOPSIS 方法用于供应商选择问题。Deng 等[113]在借鉴传统的 TOPSIS 思想的基础上，采用新的综合多参数决策方法研究供应商选择问题。

基于人工智能的方法。Humphreys 等[114]研发出基于知识的环境友好型供应商选择决策支持系统。

将上述几种方法有机结合。Zhang 等[115]采用数据包络层次分析法（Data Envelopment Analytic Hierarchy Process，DEAHP）与作业成本法相结合的方法研究供应商评价和选择工作。Ghodsypour 等[116]研究将 AHP 和线性规划相结合的方法，建立了供应商选择决策支持系统。Ting 等[117]将 AHP 与多目标线性规划相结合，Sanayei 等[118]将多因素使用理论和线性规划相结合，Demirtas 等[119]将 ANP 和多目标混合整数线性规划相结合，Pi 等[120]将田口损失方程与 AHP 相结合，Mafskheri 等[121]采用 AHP 和动态规划方法相结合等不同研究方法，研究供应商选择及订货量分配问题。

融合管理理论的供应商选择方法。Ferreira 等[122]将贝叶斯学习应用在供应商选择问题中。Amin 等[123]采用模糊 SWOT 分析法研究供应商选择和订货量分配问题。Golmohammadi 等[124]构建基于灰色决策理论的模型，展开供应商选择问题研究。Chunguang 等[125]采用灰色理论和粗糙集研究供应商选择问题。

二是基于企业内外部环境的供应商选择。将企业内部因素与供应商选择相结合。Huang 等[126]从企业发展战略角度研究供应商选择问题，将战略思想与数量优化相结合从而做出有效的供应商选择决策，同时，管理人员基于公司战略建立合适的指标评价供应商业绩。Haq 等[127]以及 Sawik[128]研究在订单式生产的供应链环境下，将供应商选择和多级配送存货相结合模型的构建，以及满足单目标或多目标条件下的供应商选择问题。

考虑风险、折扣等企业外部因素的供应商选择问题。Wu 等[129]将风险因素融入模糊多目标供应商选择问题中。Amid 等[130]研究了在价格分区情况下的模糊多目标供应商选择问题。Li 等[131]将不确定性融入供应商选择中，并构建考虑商业折扣的两阶段随机规划模型和机会约束规划模型，由此确定最小供应商集合及最优订货量。Xia 等[132]研究了在数量折扣环境下的多参数供应商选择问题。Mendoza 等[133]研究了考虑运输成本及数量折扣的经济订货量模型。

考虑供应商及产品类型的供应商选择。Saen[134]采用数学规划及数据包络分析法研究非同质的供应商（如生产不同类型产品供应商等）选择问题。Narasimhan 等[135]研究了在多产品且考虑产品生命周期条件下的供应商选择问题。

面对需求不确定条件下的供应商选择。Liao 等[136]构建了随机需求下的多目标模型，进而求解最优供应商选择问题。Bilsel 等[137]研究了在需求、能力等均不确定条件下的供应商选择问题。Awasthi 等[138]研究了单个采购商在随机需求下的供应商选择问题。

不同周期下的供应商选择问题。Rezaei 等[139]构建了包含多个产品且多阶段批量生产的多目标混合整数非线性模型，用以解决供应商选择问题。Vanteddu 等[140]从供应链成本及循环时间角度研究供应商选择问题。Mendoza 等[141]研究了在连续多阶段过程中考虑存货的供应商选择及订货量分配问题。Zhou 等[142]研究了随机需求下有限期内的供应商选择及订货量分配问题。

供应链整体视角下的供应商选择问题。Kheljani 等[143]研究了如何通过供应商选择来优化供应链整体利润而不单是考虑采购方的利润。Gosling 等[144]从供应链弹性的角度分析了供应商选择问题。

2. 融合碳排放因素的供应商选择问题

伴随着全球气候变暖背景下的碳排放问题日益受到关注，碳排放已经成为生产商购货成本中的重要组成部分。因此，在供应商选择问题中考虑碳排放因素已经成为生产商必然的选择。Nieuwenhuis 等[145]以韩国汽车行业为例，构建了从最终组装到当地分销的运输成本模型，研究发现在本地生产会产生较小的碳排放。Lin 等[146]采用 TOPSIS 方法研究在供应链中基于减少碳排放的供应商评价与选择问题，在考虑质量、价格、能力、服务、碳排放五个要素基础上的供应商选择问题。Lee 等[147]以韩国现代汽车公司为例，研究在供应链管理中的碳排放测度及环境保护问题，研究表明监控和评价供应商的碳排放将有助于企业避免与碳排放相关的风险并在供应链中保持竞争力。Sadegheih[148]构建混合整数规划模型研究在电力运输系统中，考虑碳排放成本时的最优设计。Kumar 等[149]提出包括碳排放监控在内的绿色数据包络分析法，此方法鼓励供应商减少碳排放。

2.2.3 述评

供应商选择要素的确定是恰当选择供应商的前提和基础，自 Dickson 对供应商选择要素研究开始，现有文献更多将价格、质量、服务等作为供应商选择的重要要素，随着针对可持续供应链的研究的发展，环境因素也逐步成为供应链设计及供应商选择需要考虑的重要因素。但是，鉴于环境问题的宽泛，较难采用量化的指标对其加以衡量，使针对环境问题的研究，更多地停留在“艺术”阶段。在针对绿色供应链的研究中，开始逐步融入碳排放因素。尤其是随着以供应商为主的间接碳排放在整体碳排放中所占比例的增加，在供应商选择问题中碳排放理应成为选择要素之一。但是，目前在供应商选择问题中考虑碳排放因素的还较为鲜见。

在关于供应商选择及订货量分配问题的各种研究方法中，数学规划方法依然是较为常用的方法，但其较少考虑供应商选择因素之间的均衡，将模糊网络分析方法应用到供应商选择问题且考虑碳排放因素的也较为少见。依据外部环境对供应商选择问题的分类，大体需要考虑的因素包括单产品或多产品、单周期或多周期、需求确定或不确定、自产或外包、有无折扣、选用通用或不通用配件、单目标或多目标等。在外部环境分析中，具体考虑碳税及碳排放交易的仍然较少。

2.3 融合碳排放因素的供应链协调问题研究

基于碳排放控制下的供应商选择问题的研究，更多是从生产商的角度研究供应商选择问题，并未从供应链整体角度出发，较少考虑生产商和供应商之间的协调问题。在供应链协调问题的研究中，也较少考虑碳排放因素。如何利用由供应商和生产商组成的两级供应链协调，在不降低生产商及供应商双方利润的前提下，达到对碳排放进行有效控制的目标，将是本书研究的主要内容之一。

2.3.1 供应链协调问题

供应链协调问题包括供应链协调机制以及供应链契约设计两个方面。就供应链协调机制而言，Saiadieh 等[150]研究了在由多个供应商、多个生产商及多个零售商组成的三级供应链协调问题，分析了在特定条件下供应链协调机制的有效性。Xu 等[151]研究了在由单个供应商和单个零售商组成的两级供应链模型中，供应商和零售商均做出最小让步时的可行解并证实其存在的可能性。王磊等[152]建立了由零售商和供应商组成的两级生鲜农产品供应链利润模型，设计采购价契约及批发价加保鲜成本分摊等两种激励机制，研究表明两种激励机制均能提高供应商保鲜努力水平。

供应链成员在追求自身利益最大化的同时，往往会造成供应链整体利益的下降，即所谓的“双边际化效应”。供应链协调可以在保证供应链整体利益的基础上，进而提高各成员的利益。鉴于此，供应链协调问题已成为供应链管理领域的经典问题。供应链契约设计是保证供应链协调得以实现的重要外部条件，自 Cochan[153]针对各种供应链契约分析以来，采用供应链契约来协调供应链成员行为的研究逐步增加。Lee 等[154]研究了质量不确定条件下的供应链协调问题，基于购回契约及收益共享契约提出的质量补偿契约能够有效协调供应链。Güler 等[155]基于批发价契约、购回契约、收益共享契约、数量折扣契约等研究了在随机需求和收益条件下的供应链协调问题，研究表明产出的随机性并不会改变契约的协调能力，但会影响契约参数的价值。Wu[156]研究了在由生产商和零售商组成的两级竞争型供应链框架下，购回契约对零售价、订货量及批发价的影响，研究表明购回契约比非购回契约产生更高的利润，随着供应链竞争的加剧，供应链成员及供应链整体利润均会得到提高。Wahab 等[157]分三种不同情况研究了在两级跨国供应链下，目标是最小化单位时间的期待成本时，对于质量存在缺陷产品且考虑环境影响因素的最优生产及运输的供应链协调。Giri 等[158]研究了在由单个供应商、生产商和零售商组成的三级供应链中，面对需求及供给不确定情况下的供应链协调问题。研究表明购回合同不能有效解决供应链协调问题，但融合购回合同、销售折扣和罚成本的合同可以有效协调供应链。熊中楷等[159]针对受专利保护产品研究企业如何与进行回收及再制造的第三方实现收益分享与费用分摊的协调展开研究，构建了第三方回收再制造的收益分享与费用分担的契约协调机制。胡军等[160]研究了在线性需求函数下企业质量和供应链协调均实现时的决策选择及收益，研究表明传统的批发价契约不能达到供应链协调目的，而收益共享契约、奖励惩罚契约、特许经营契约等则能在协调供应链的同时达到控制质量的目标。陈树帧等[161]研究了在传统零售与网上直销并存情况下的供应链协调的合同设计问题，研究表明单独应用两部定价合同不能有效协调双渠道供应链，而两部定价合同与促销水平补偿合同的组合则可以达到供应链协调和渠道成员双赢的目标。

供应链契约在供应链协调中起到重要作用，而基于收益共享契约的供应链协调问题是有关供应链协调问题研究的热点问题之一。Cachon等[162]将收益共享契约与其他契约如回购契约、价格折扣契约等进行比较，进而分析收益共享契约的优势及局限性。Giannoccaro 等[163]研究了基于收益共享契约的三级供应链协调问题，研究表明通过参数的调整不仅可以提高供应链系统效率，还能增加供应链各成员的利润。Palsule-Desai[164]研究了表明与收益相关联的收益共享契约优于与收益无关的收益共享契约，特别是在收益变发生动的不同时期。侯琳琳等[165]研究了在分销商与零售商之间采用退货契约，制造商与分销商之间采用收益共享契约的三级供应链系统的协调问题，研究表明通过制定合理的契约参数可以实现系统协调，并达到系统收益不同分配的目标。李凯等[166]研究了在需求呈均匀分布的条件下，如何将奖惩额度和比例作为协调因子融入供应链协调机制的设计中，并验证了协调因子在渠道协调中发挥作用的机理。邱若臻等[167]研究了以零售商为主，供应商为从的委托销售条件下，供应链收入共享契约协调问题。研究表明供应链及成员绩效受需求价格弹性及零售商成本比例分摊的影响，进而为最优契约签订提供了依据。周永务等[168]研究了由单个制造商和两个零售商组成的供应链系统中，收益共享契约下的渠道利益分配问题，分析在集中和分散决策环境下制造商和零售商的广告投入以及最优订货批量。林略等[169]针对鲜活农产品研究了在由生产商、分销商和零售商组成的三级供应链借助收益共享契约协调供应链成员利润分配问题，在引入库存因子的前提下，研究表明收益共享契约能够协调此三级供应链，契约参数在一定范围内可以实现三方共赢，最优期望利润随需求价格弹性的增加而减少。杜少甫等[170]研究了零售商公平关切对供应链契约及协调的影响，分析了零售商公平关切对批发价契约、收益共享契约和回购契约的影响，研究表明零售商公平关切对供应链协调不会产生影响。

2.3.2 融合碳排放因素的供应链协调问题

针对融合碳排放因素的供应链协调问题的研究较少，更多集中在基于供应链及产品生命周期的碳排放测度，以及考虑碳排放等环境因素的供应链网络设计及物流成本等问题上。Chaabane 等[171]研究了考虑碳排放因素下的融合供应商选择、生产分配、能力约束、运输等因素下的绿色供应链网络设计问题，研究帮助决策者能够在物流成本和碳排放之间取得均衡。Fahimnia 等[172]以澳大利亚的公司为例，分析碳排放对闭环供应链的影响，研究分析了成本和环境的变化对碳排放价格变动范围所产生的影响。Hua 等[173]在经济订货量模型的基础上融合碳排放因素，分析了基于碳排放交易机制的存货管理问题，力图为管理者提供决策帮助。在此基础上，国内外学者逐步开始研究碳排放对供应链协调产生的影响，Ma 等[174]在构建融合顾客特征的需求分布函数的基础上，研究碳税对供应链成员决策的影响。研究表明，在批发价契约下碳排放系数并不影响供应商和零售商的利润，供应链成员可以借助碳排放合作以及选择合适的碳排放水平来取得更高的利润。夏良杰等[175]研究了制造商如何通过自身减排和转移支付契约引导供应商减排，从而实现制造商和供应商均减排且供应链利润提高的帕累托改进目标。研究表明转移支付能有效激励供应商提高减排量，联合减排实现了产品碳排放的优化。王芹鹏等[176]针对两级供应链研究了不合作契约、成本分摊契约、合作契约三个不同契约对制造商及零售商减排及促销合作的影响。研究发现制造商及零售商的促销及减排水平在合作契约下最高，供应链总价值在合作契约下最大是有条件的。李友东等[177]研究了在不同结构形式下制造商与零售商之间如何分摊低碳研发成本以及政府的补贴策略，研究得出了不同博弈形式下的企业低碳研发合作和政府补贴策略。李媛等[178]研究了制造商及零售商具有公平偏好时的供应链协调问题，研究找到当制造商和零售商双方或其中之一具有公平偏好时两部定价契约发挥作用的条件。Jaber 等[179]构建了考虑温室气体排放的两级供应链模型，研究最小化库存成本的途径，进而帮助管理者找到在考虑超过碳排放界限的罚成本时，如何最小化与存货相关的成本及碳排放成本。Swami 等[180]研究了两级供应链中生产商或零售商的绿色化运营、两者的合作水平以及协调等问题，研究表明与分散渠道相比融合渠道的利润较高。江文等[181]研究了在碳排放交易机制下一体化与分散化决策时的供应链最优决策和最大化期望利润，研究表明碳排放交易机制使供应链最优产量降低、最优价格上升、碳排放量减少。

2.3.3 述评

融合碳排放因素的供应链协调问题正逐步成为供应链协调领域中的一个新问题，学者更多从基于收益共享契约的供应链协调以及考虑碳排放因素的供应链管理等方面进行分析，但针对随机需求下基于收益共享契约且考虑碳排放因素的供应链协调机制的研究较少。鉴于我国正在实施以北京、上海等七省市为代表的碳排放交易机制，生产商对碳排放成本的关注在随之加大，消费者也逐步倾向于购买碳排放成本较低的产品，融合碳排放因素的供应链协调问题逐步成为研究的热点问题。

2.4 本章小结

本章从碳排放含义、供应商选择因素、供应商选择以及供应链协调等方面对相关文献进行分类综述。碳排放测度及碳排放边界界定是碳排放含义的核心问题，但目前并没有形成较为统一的认识。碳信息披露以碳排放控制方法等是关于碳排放问题研究的主要内容之一。碳排放已经成为除价格、质量、服务水平等之外的供应商选择要素中的重要因素，尤其是作为间接碳排放代表的供应商碳排放将直接影响生产商的碳信息披露质量。考虑碳排放因素如何在不同供应商之间恰当分配订货量的供应商选择问题，是供应商选择亟待面临解决的问题之一，借助生产商与供应商的两级供应链的协调，可以在不降低供应链各成员利润的前提下有效控制碳排放。

第 3 章

碳排放控制下供应链协调框架设计及问题分析

随我国经济持续、稳定的高速发展，环境污染问题也日益凸显，特别是在全球气候日益变暖的背景下，以二氧化碳为主的碳排放问题尤为突出。作为碳排放大国，如何有效控制碳排放已经成为我国政府关注的焦点问题之一。我国政府承诺到 2020 年单位 GDP 碳排放相比 2005 年将降低 40%~45%。为达到这一目标，政府将采取基于行政命令的强制控制措施或基于市场的碳税及碳排放交易机制等措施，对碳排放从总量上进行控制。由于碳排放产生于供应链的各个环节，本章在分析供应链各环节碳排放成本的基础上，构建了碳排放控制下的供应链协调理论框架，如图 3-1 所示。

供应链协调本质上是为了使供应链各成员单独运作时取得的最优利润等于或高于作为一个整体时的最优利润，避免供应链各成员单独追求自身利益的最大化，损害供应链整体利益，而最终使供应链各成员的利益遭受损失。为避免此问题出现，达到供应链成员单独运作和作为供应链整体运作的目标相一致，需采用不同供应链契约协调和约束供应链各成员的行为，减小“双边际”效应造成的损失。而碳排放控制下的供应链协调一方面要满足碳排放控制的要求，无论是基于政府强制控制碳排放的角度，还是基于市场对碳排放进行的控制；另一方面还要协调供应链各成员行为以便取得最优经济利润，这也是进行供应链协调的本质所在。鉴于此，在碳排放控制条件下，需要首先厘清碳排放控制下供应

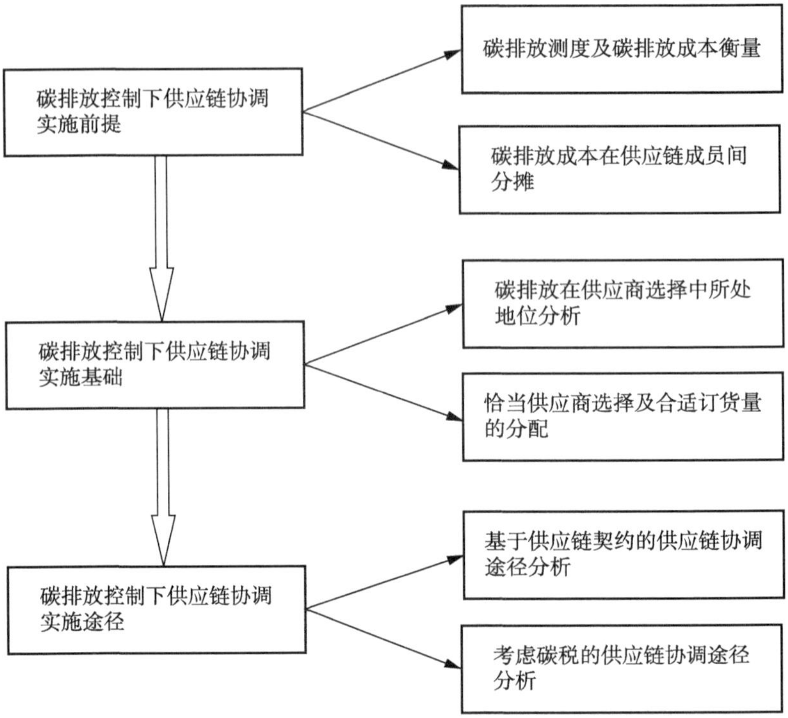

图 3-1　理论框架

链协调的理论基础，这也是展开供应链协调问题分析的前提；其次，对供应链各环节的碳排放成本进行研究，明晰供应链各环节碳排放的主要构成要素，以及碳排放量的水平，这是供应链协调实施的基础，只有厘清供应链各成员碳排放成本，才能有效协调供应链各成员行为，进而针对供应链协调中所面对问题提出切实可行的解决措施。

3.1　碳排放控制下供应链协调理论基础

碳排放控制下的供应链协调问题主要涉及两个方面：一是碳排放控制问题，究其本质而言，属于环境问题的范畴，从经济学的角度来看，表现为基于科斯定理的内部化外部性问题，这也是有效解决环境问题的理论基础；二是供应链协调问题，涉及如何有效利用供应链协调克服“双边际”效应所引发的供应链成员利益与供应链整体利益不一致，进而达到在供应链整体利益提高的基础上，供应链各成员利益均有所增加问题，这可用经济学中的福利经济学理论加以解释。

3.1.1 内部化外部性问题

1. 外部性问题

碳排放问题究其本质而言属于环境问题，环境问题从经济学的视角来看具有明显的外部性特征。外部性问题是指一个经济主体对另一个经济主体产生的影响，而这种影响又不能以市场价格进行买卖，如何有效解决此类问题成为理论经济学研究的问题之一。最典型的外部性例子是公共物品所具有的外部性特征，公众可以享受公共物品所带来的收益而没有必要为此支付相关的费用，这也是公共物品所具有的典型的外部性特征。

外部性问题是经济学中的重要问题，从影响的性质来看，外部性包括正外部性和负外部性。正外部性体现为某些厂商的生产或消费使另外一些群体或个人获得收益，而又无法向这些群体或个人收费的现象。负外部性则指某些厂商的生产或消费使另外一些群体或个人受损而又无法向这些群体或个人补偿的现象。典型的负外部性例子是由于上游对河流所造成的污染，下游为此遭受到的损失却不能向上游企业收取相关费用。

依据外部性所影响的范围划分，外部性包括单向的外部性和交互的外部性，单向外部性是指某一方对另一方所带来的正外部性或负外部性，而交互的外部性则指所有参与者均有权利接近某一资源并彼此施加成本。外部性问题作为经济学中的经典问题，其根源在于制度的外部性以及科技的外部性。制度作为公共物品易存在外部性，且存在一种制度下可以获取而另一种制度无法获得的制度变迁所引发的外部性问题。

2. 环境问题的内部化外部性问题

依据科斯定理可以将外部性问题内部化，由于外部性导致市场的效率缺失行为，解决此问题不一定完全依靠政府行为，可以借助企业间的协商，将外部性问题内部化，从而达到有效解决外部性问题。所谓环境问题的内部化外部性问题就是让生产者产生的外部性问题进入他们的生产领域，由他们自己承担环境污染造成的损失，从而解决其环境污染的外部性问题。针对环境污染的内部化外部性问题而言，其解决途径主要包括政府的直接管制、基于市场的经济激励、厂商的自愿协商、依靠社会准则或良心。

作为引发全球气候变暖的碳排放问题，其解决的有效途径是将其外部性问题内部化。具体针对碳排放控制下的供应链协调问题，有效途径有以下四个方面：

第一，是生产商碳排放控制问题，也属于典型的内部化外部性问题。生产商若对碳排放不加以有效控制，与其相关企业及公众将承担由此产生的负面影响。而生产商碳排放控制这一内部化外部性问题的主要表现形式就是由生产商对碳排放问题自行解决。对于生产商而言，可以自行加大研发投入进行碳排放控制，或者借助供应链协调对碳排放进行有效控制，相比其他方式而言，借助供应链协调手段，生产商可以在不增加额外投入的前提下，取得较高的碳排放控制收益。

第二，体现为政府如何借助直接控制或市场激励的方式对碳排放进行控制。大体可分为政府管制和经济刺激两种手段。基于行政命令的政府管制是政府进行碳排放控制的有效手段，具有方法简单、见效快等特点，可以对生产投入过程中的前端可能产生的污染进行控制，解决“从摇篮到坟墓”的污染问题的前端，将其进行有效遏制，最终达到解决污染的负外部性问题。特别是在政府具有较强统御力的国家，借助政府的强制手段可以较为便捷地解决碳排放控制问题。政府管制虽然具有见效快等特点，但其对经济的影响也不言而喻，政府对经济的过多干预并不利于经济稳定的发展。而经济刺激则是通过经济手段直接或间接作用于政策对象，从而改变其行为的一种方法。经济手段主要包括以征收碳排放税为代表的庇古手段，以及以明晰产权为代表的科斯手段。借助碳排放税的征收，可以增大碳排放较高企业的成本，进而达到有效控制碳排放的目标。通过明晰产权的碳排放权的界定，可以构建相关的碳排放交易平台，使碳排放交易参与者可以利用平台完成碳排放权转移，达到政府从总量上控制碳排放的目标。借助经济刺激手段来解决环境问题，是发达国家普遍采用的基本方法，通过市场“看不见的手”达到对环境污染的控制。作为企业自身顺应市场的行为，在某种程度上更容易被企业所接受，但如果政府相关政策制定不完善，借助市场的手段往往达不到预期的效果。因此，碳排放税率以及碳排放配额的制定对于政府而言，就显得尤为重要。恰当制定碳排放税率及恰当分配碳排放配额，是政府从总量上有效控制碳排放且不影响经济发展的重要举措。

第三，厂商间的协商是解决碳排放的另一有效途径。就生产商而言，可以单独进行碳排放控制，生产商可以借助自行研发碳排放控制技术或碳存储进行碳排放控制，但其成本不但大于基于供应链协调的碳排放控制成本，而且难以取得较好的碳排放控制效果。原因在于碳排放产生于供应链的各个环节，单独从某一方进行碳排放控制，企业可以将碳排放“上推”或“下压”至供应链其他环节，从而使在供应链某一环节碳排放减少并不能达到最终从供应链整体减少碳排放的目标。供应链成员间的协商可以通过在自愿协商基础上的协调，也可以借助供应链契约在不损害供应链所有成员利益的基础上，进行碳排放控制。

第四，依据社会准则或良心。面对国家对碳排放控制的规定，企业应无条件遵循。碳排放控制就企业而言，也属于其履行社会责任范畴。随着经济的发展，作为企业不但要担负促进国家经济效益持续提高的责任，在注重经济利益的同时，还要承担其社会责任，有效减少或控制碳排放就是企业承担其社会责任的一个重要表现。企业的持续发展一方面取决于其自身产品，另一方面还取决于企业履行社会责任的情况，在短期内，企业可能由于其履行较多的社会责任，而使经济利益遭受部分损失，但从企业的长远发展来看，其最终社会责任的履行，可以有助于其在消费者当中树立较好的品牌意识，从而带动企业的发展。

3.1.2 福利经济学理论

1. 福利经济学基本定理

福利经济学基本定理是经济学标准观点，但是随着信息经济学的发展，它的准确性也需要进一步审视。福利经济学第一基本定理，即福利经济学第一定律，是在经济主体的偏好被良好定义的条件下，带有再分配的价格均衡都是帕累托最优的，是指消费者 A 与消费者 B 的无差异曲线相切的共同的切线的斜率等于社会边际转换率。福利经济学第二基本定理指出，每一种具有帕累托效率的资源配置都可以通过市场机制实现，人们所应做的一切只是使政府进行某些初始的总量再分配。

帕累托最优状态概念是福利经济学的重要分析工具。帕累托最优状态是指这样一种状态——任何改变都不可能使任何一个人的境况变得更好而不使别人的境况变坏。按照这一定理，一项改变如果使每个人的福利均增加，或者一些人福利增加而其他的人福利不减少，这种改变就有利；如果使每个人的福利都减少，或者一些人福利增加而另一些人福利减少，这种改变就不利。

2. 碳排放控制下供应链协调的福利经济学解释

基于福利经济学基本定理的视角，碳排放控制下的供应链协调问题主要表现在以下三个方面：

第一，碳排放控制应依据市场机制来实现。碳排放可以通过政府强制的碳排放控制措施的实施，达到碳排放控制的要求。但基于福利经济学定理视角，如要达到最优配置，需要发挥市场机制的作用，在市场机制的调节作用下，可以达到资源的有效配置。无论是从企业还是政府的角度而言，碳排放控制均需要借助市场的力量来实现。对于供应链各成员而言，在进行碳排放控制的过程中，需要通过碳排放交易市场等来达到各自碳排放控制的要求。对于政府来说，也需要通过碳排放配额的分配、碳排放税率的调整来影响碳排放市场，进而达到碳排放控制的目标。

第二，市场机制在碳排放控制下供应链协调中发挥重要作用。在政府通过碳排放配额、碳排放税率调整等方式从总量上控制碳排放的基础上，市场机制在碳排放控制中发挥着重要的作用。就单个企业而言，可以将研发减少碳排放所取得经济效益与政府实施征收的碳排放税额进行比较，进而分析采取不同碳排放控制措施的差异。面对碳排放交易市场的建立，企业可以依据碳排放配额的分配多少，采取主动减少碳排放或购买碳排放配额等不同的碳排放控制措施。特别是在供应链各成员之间，可以利用碳排放交易市场，来完成碳排放之间的交易，对于碳排放配额较多而自身碳排放较少的企业，可以通过碳排放交易获得相应收益。不同供应链成员之间，也可以借助供应链契约的签订，约束和协调各成员之间的行为，进而实现供应链各成员在利益均不减少情况下的碳排放控制。

第三，供应链协调最终应达到帕累托最优状态。帕累托最优状态是福利经济学主要的分析工具。具体针对碳排放控制下的供应链协调而言，应达到帕累托最优状态，即既满足政府对碳排放总量控制的要求，也能在碳排放控制条件下，供应链各成员的经济利益均不减少。事实上，若达不到帕累托最优状态，碳排放控制下的供应链协调也很难实现。当然，要达到帕累托最优状态，应将碳排放成本在供应链成员之间分摊，否则较难准确衡量供应链各成员的碳排放量的水平，进而借助供应链契约签订，来约束和协调供应链各成员行为，避免追求各自利益最大化而最终导致供应链整体收益减少，而不能达到供应链成员利益均不减少，且有效控制碳排放的帕累托最优状态。通过供应链协调，在供应链整体收益得到保证的前提下，供应链各成员利益均得到提高或至少不会减少，而从供应链整体来看，又能对碳排放进行有效控制。因此，在碳排放控制下的供应链协调最终所应达到的状态就是帕累托最优状态。达到帕累托最优状态可以为供应链各方所接受，也是较为稳定的一种状态。

3.2 基于供应链视角的碳排放成本分析

碳排放产生于产品原材料采购、生产、存储、销售等供应链的各个环节，单纯从供应链某一环节入手，难以有效控制碳排放，企业可能采取措施将碳排放“上推”或“下压”至供应链的其他环节，只有基于供应链视角进行碳排放控制才能真正减少最终产品的碳排放。例如，北京目前大力推行电动汽车，以期对碳排放进行有效控制。虽然在最终使用环节由于采用电池而不是燃油会导致碳排放的减少，但是，在发电环节以及电池生产环节，同样会产生碳排放，这并不会因为电动汽车由于电池的使用，而最终减少整个电动汽车供应链的碳排放。从总量上来看，电动汽车的使用在供应链某一环节减少碳排放，但同时增加其他环节的碳排放。从供应链整体来看，电动汽车的使用并不一定能减少碳排放。因此，只有基于供应链视角才能真正解决碳排放问题。鉴于碳排放产生于产品生产的各个环节，在厘清产品生产各环节的碳排放及成本的基础上，才能进一步对碳排放控制下的供应链协调问题展开研究。

由于碳排放产生于供应链的各个环节，碳排放成本在供应链各成员之间的分摊就成为必然。首先，需要采取恰当的方法对各环节的碳排放进行准确测度。只有在准确测度碳排放的基础上，才能准确衡量供应链各环节的碳排放成本，进而比较各环节碳排放成本的水平，为恰当分配碳排放成本提供支持；其次，在衡量供应链各环节碳排放成本的基础上，比较供应链各环节碳排放成本与效益，分析如何采取恰当措施降低碳排放成本较高的环节，具体可以通过采用供应链成员间签订供应链契约的方式，激励碳排放较高的环节减少碳排放，进而达到降低最终产品碳排放的目标；最后，通过合理的制度安排，在供应链各环节分摊碳排放成本，使碳排放较大的环节有意愿减少碳排放，从而达到既控制最终产品碳排放又不降低利润的双赢目标。

3.2.1 基于供应链视角的碳排放测度与评价

基于供应链视角对碳排放准确测度的前提是碳排放测度标准的确定，在此基础上，采用恰当的碳排放测度方法，针对供应链各环节的碳排放准确测度。由于碳排放产生于供应链的各环节，需要对各环节碳排放进行测度，进而对碳排放测度进行评价。

1. 碳排放测度与评价

碳排放测度与评价是进行碳排放成本分摊的基础，其主要包括以下三个方面：

第一，碳排放测度标准确定。目前测度碳排放的标准主要包括以下三个：一是按照世界资源协会和世界可持续发展商业理事会的标准，碳排放包括直接碳排放、购买电力及能源等间接碳排放和其他间接碳排放，这些碳排放总和构成了最终产品的碳排放。目前，碳排放披露项目组织就是采用这一方法，对纳入碳排放披露项目的公司要求披露相关的碳排放。这种测度方法可以用来较为全面地衡量最终产品的碳排放，避免在产品生产的某一环节将碳排放转移至其他环节，从而不能达到减少最终产品碳排放的目标。但是鉴于涉及间接碳排放的范畴相对较为宽泛，如何准确、恰当地衡量碳排放并不容易，所以更准确的衡量间接碳排放已经成为此类标准能否得到进一步应用的关键问题。二是国际标准化组织自 2005 年起陆续制定并颁布的关于碳排放的国际标准（ISO 14064）等一系列标准，其中包括碳排放量化、查证、碳中和以及基于产品生命周期的碳排放量化等具体规范，这为碳排放具体量化提供了可以借鉴的依据。只有将碳排放准确量化才能进一步比较和评价供应链各环节碳排放水平，碳排放量化是对碳排放成本分析的基础，也为碳排放具体测度的使用提供了依据。目前国际标准化组织正在陆续制定关于碳排放的其他相关标准，使对于碳排放的量化评价得到更为广泛的应用。三是英国标准协会颁布的公共可用说明书，详细说明从生命周期角度评价产品或服务的碳排放要求，这项说明得到碳信托组织及英国环境、食品部的联合支持。各国行业协会对碳排放标准的制定是对碳排放标准制定的有力补充，这一方面可以促进碳排放标准制定的进一步完善，另一方面，也能通过对碳排放标准存在差异的分析，找出影响各国碳排放的关键因素。因此，这为碳排放测度方法的实施提供了可以借鉴的经验。对于多数产品均可以采用生命周期的方法，对产品生产的全过程进行碳排放测度。

第二，碳排放测度具体方法。依照上述碳排放测度标准，目前对于碳排放测度的方法主要包括以下三种：一是产品生命循环周期法。此种方法对于碳排放的测度按照产品的生命周期进行划分，从产品原材料采购、加工生产、运输、存储、销售到最后废旧产品的回收等各个阶段测度产品碳排放，采用这种方法可以准确衡量最终产品的碳排放，避免供应链成员将碳排放推至产品生产的其他环节，使其不能达到最终降低碳排放的目标。但是，是否能够准确收集产品生命周期的碳排放，将成为这种方法能否得到广泛应用的前提。二是借助碳排放测度专用软件。碳排放测度需要依据科学的方法和工具，才能准确衡量碳排放水平。英国碳排放组织专门针对家庭碳排放，设计开发相应软件，在用户输入相关数据的基础上，可以对碳排放进行准确测度。各国正在借鉴英国的相关做法，综合分析影响本国的碳排放因素，力图构建适合本国现状的碳排放测度公式。随着各国对碳排放测度软件的开发和普及，对于以家庭为主的碳排放测度正在逐步标准化和规范化。三是不同行业对于测度模型的研发和使用。不同行业产生碳排放的途径和方式不同，影响碳排放的因素也不尽相同，较难采用统一的方法对碳排放进行测度。例如，我国农业部门对在农业活动中的碳排放构建相应模型，力图对农业活动的碳排放进行相对准确衡量。

第三，对碳排放测度方法的评价。针对碳排放测度的评价是更好地开展碳排放测度工作的基础，具体而言，针对碳排放测度评价的方法主要包括以下两种：一是投入—产出法。碳排放减少会伴随着为控制碳排放减少而付出相应成本，通过对碳排放减少量与为控制碳排放较少而投入的成本进行比较，可以较为准确地评价针对碳排放减少所实施措施的效率，进而为碳排放控制提供必要的技术支撑；二是以碳排放测度效果为依据。碳排放测度标准的制定以及碳排放具体方法的使用，最终是否达到有效减少碳排放，应以碳排放最终控制效果为依据，只有碳排放标准设置合理，碳排放测度方法选择恰当，才能最终真正达到控制碳排放的目标。因此，碳排放控制效果是对碳排放测度评价方法使用是否恰当的一种评价方法。

碳排放测度标准是碳排放测度方法选用的基础，结合供应链各环节的不同特征，在选定恰当的测度标准的基础上，对供应链各环节碳排放进行准确测度，进而为供应链各环节碳排放成本的计量及分摊奠定基础。

2. 以苹果公司为例的碳排放测度

供应链包括从产品的原材料采购、生产、运输、存储、销售直至最终废旧产品回收等多个环节，在供应链的各环节均会产生碳排放，且各环节产生碳排放不尽相同。针对产品生产供应链的各环节碳排放量的分析，将是研究碳排放控制下的供应链协调问题的基础。

本节将以苹果公司产品为例，分析苹果公司在产品生产供应链各环节的碳排放。苹果公司作为世界著名企业，极其重视环境保护问题，在公司产品生产供应链的各个环节均实施对碳排放控制。具体而言，苹果公司主要从以下三个方面对碳排放实施控制：

第一，准确测度供应链各环节的碳排放。苹果公司以世界可持续发展商业理事会的《温室气体核算体系》为标准，采用公司的专有设施对碳排放进行测度，此为准确分析供应链各环节碳排放的基础。准确测度各环节碳排放，也是对各环节碳排放实施控制的前提。由于碳排放产生于供应链各环节，从生产商的角度来看，碳排放包括直接碳排放和间接碳排放。因此，苹果公司不是单纯地对某一环节碳排放进行测度，而是基于产品生命周期，在产品制造、运输、使用和循环利用等各环节对碳排放进行测度，从而考虑基于产品生命周期的碳排放如何减少的问题，而不只是单纯减少供应链某个环节的碳排放。据苹果公司官方网站公布的数据，2014 年苹果公司的碳排放为 3430 万吨左右，其中场所设施占 40 万吨，产品使用占 700 万吨，产品运输占 160 万吨，产品制造占 2480 万吨，循环利用占 50 万吨。苹果公司采用这种测度方法，既避免了重复计算的问题，也保证了在各个环节碳排放测度的统一。同时，避免为单纯降低供应链某一环节的碳排放，而将碳排放“上推”或

“下压”至供应链其他环节的问题，从而保证基于供应链视角的最终产品碳排放的减少。

第二，对碳排放较大的环节进行分析和控制。从苹果公司2014年碳排放数据可以看出，苹果公司供应链中碳排放较大的环节是产品制造环节。苹果公司努力采取各种措施减少碳排放，如通过在全球各地的IT中使用清洁可再生能源的方式，减少产品生产的碳排放。虽然苹果公司2014年比2013年整体碳排放有所增加，但其根本原因在于产品销售数量的增加，从而导致在总量上碳排放的增加。事实上，自2008年以来，苹果公司的碳排放占其收益的比重呈现逐年下降趋势。由此可见，在碳排放绝对数增加的同时，相对数在逐步下降，这也证实了苹果公司针对碳排放较大环节所做努力已经呈现出较好的效果。

第三，强化与供应商合作，帮助其减少碳排放。苹果公司除了在自己的办公室和零售店减少碳排放，更重要的是帮助供应商减少碳排放。通过采用帮助供应商研发更为清洁的工艺、使用清洁能源等方法减少供应商碳排放。例如，苹果公司与供应商Flextronics合作，将其生产运营改为可再生风能，通过清洁能源的使用，大大降低碳排放。在中国成都建立了40兆千瓦的太阳能项目，为苹果公司办公室和零售店供电。苹果公司这一做法，开创了在中国地区的大规模可再生能源项目的先例，也证实了在中国采用绿色能源的可能性。苹果公司帮助其供应商减少碳排放的措施，最终势必会带来最终产品碳排放的降低。

由苹果公司的案例不难看出，苹果公司在碳排放控制方面做出许多开创性工作，从中可以得到以下四点启示：①碳排放测度不能单纯从供应链某一环节入手，而应基于供应链视角从产品生命周期角度分析其碳排放，只有将以产品生产为主的直接碳排放和原材料采购、运输、销售、产品使用以及售后服务等各间接碳排放包括在内，才能准确测度产品的碳排放。②碳排放对于不同行业的不同公司而言，在供应链的各环节所产生的碳排放也不相同，需要找出在整个产品供应链中碳排放较大的环节，有针对性地对其进行控制，才能达到有效控制碳排放的目标。③应强化供应链成员间的协调。由于碳排放产生于供应链的各个环节，单纯从某一环节入手，难以有效降低碳排放。若没有外部强行控制碳排放措施的实施，对于供应链成员而言，自身将缺乏减少碳排放的动机。在碳排放控制要求前提下，供应链成员可以通过自身研发减排技术、采用减排设施等方式减少碳排放。但是，采用这种方式比供应链协调减排的成本要高。在碳排放控制要求下，供应链成员可以通过协调方式，在不增加额外投入的前提下达到碳排放控制的目标。当然，供应链协调不仅包括由生产商和供应商组成的两级供应链协调问题，还可以进一步延伸至包括销售商在内的三级供应链协调问题，从而在更宽泛的领域内实现供应链协调。④供应链契约将成为供应链成员间协调得以实现的有效保证。通过供应链成员间契约的签订，可以达到在碳排放控制范围内供应链成员利润均有所增加，但碳排放并没有显著增加的目标。

3.2.2 供应链成员碳排放成本分摊

碳排放产生于供应链的各环节，且供应链各环节碳排放存在显著差异，因此，碳排放成本不能由供应链某一环节的成员承担，否则，碳排放较大环节的成员会失去减少碳排放的动力，从而不能达到最终从总量上减少碳排放的目标。为准确开展碳排放成本分摊工作，需要分析碳排放成本所包括的类别、具体内容以及碳排放成本分摊方法。

1. 碳排放成本构成

碳排放成本从不同角度划分包括不同内容。从碳排放的产生及控制两个角度来看，可以将其划分为与碳排放相关的直接碳排放成本和间接碳排放成本。从产品生产的各环节来看，直接碳排放成本与产品生产各环节的碳排放紧密相关。具体而言，在原材料采购阶段，直接碳排放成本包括选择供应商以及原材料运输等方面的碳排放成本；生产环节主要包括人工及机器等耗费时的碳排放成本；产品存储阶段的碳排放成本；销售环节的运输和人工等碳排放成本；以及最终废旧产品回收时的碳排放成本。间接碳排放成本包括与产品生产相关的能源提供企业以及其他间接碳排放成本，如供应商的碳排放成本、产品使用过程中的碳排放等，间接碳排放成本也是构成碳排放成本的主要内容，否则，缺少间接碳排放成本便不能准确衡量最终产品的碳排放，进而不能达到真正减少碳排放的目标。从构成供应链各环节的主体来看，包括供应商碳排放成本、生产商碳排放成本、销售商碳排放成本以及废旧产品回收的碳排放成本。各环节碳排放成本合在一起，共同构成最终产品的碳排放成本。

从针对碳排放产生各环节的测度和控制等角度来看，碳排放成本主要包括两大类成本：一类是碳排放测度成本。准确测度碳排放是合理进行碳排放分摊的基础。在碳排放的测度过程中需要耗费相关的人员及机器设备，无论是人员还是机器设备的使用，均会发生碳排放成本。在碳排放测度过程中发生的成本，是为进行在供应链成员间进行碳排放分摊所必要的付出。另一类是在对碳排放控制的过程中，为减少碳排放需要采取各种措施，会相应导致成本的增加。这种成本虽然不是直接与产品生产等相关的成本付出，但与碳排放相关，仍然属于碳排放成本的范畴。

碳排放成本从不同角度来看由不同类别成本构成，有效控制最终产品的碳排放应从控制这几类成本角度出发，并在供应链各主体之间恰当分配碳排放，以达到最终减少碳排放的目标。

2. 碳排放成本分摊途径

由于碳排放产生于供应链的各个环节，碳排放成本也应在供应链成员间进行恰当分摊，否则，实施碳排放控制的供应链成员势必会缺乏减排动力。以上述苹果公司为例，若最终由于碳排放减少使产品销售增加所带来的利润均有苹果公司占有，则作为产品供应商的企业其减排动力则明显不足，导致不能从根本上降低最终产品的碳排放。也正是基于此种原因，苹果公司才致力于帮助其供应商采用清洁能源等方式减少最终产品的碳排放。

供应链成员碳排放成本分摊主要依靠供应链协调实现，若仍然是供应链成员各自单独决策，显然无法达到碳排放分摊的目标。具体而言，碳排放成本分摊需要按以下三个步骤进行：

第一，准确计算供应链各成员的碳排放。由于碳排放产生于供应链的各个环节，需要采用统一方法对各成员的碳排放进行准确计算，只有在准确计算碳排放的基础上，才能相应衡量各成员的碳排放成本。例如，苹果公司采用产品生命周期法对产品生产的全过程进行碳排放测度，方法统一，从而保证对于供应链各成员的碳排放测度相对准确。

第二，利用供应链协调在供应链成员间进行碳排放成本分摊。若供应链成员实施碳排放控制，势必会相应增加碳排放成本，并导致最终产品的碳排放成本增加。而基于供应链视角，这部分增加的碳排放成本应由供应链成员共同分摊（徐丽群）[182]。只有这样，才能激发供应链成员减排的动力，否则，其他非减排成员都存在“搭便车”的心理，最终导致产品碳排放得不到有效控制。具体而言，在供应链成员间的碳排放成本分摊存在多种模式，供应链协调是进行碳排放成本分摊的重要途径。基于供应链契约的供应链协调将在其中发挥重要作用，如通过收益共享契约，生产商将部分利润分配给供应商，以激励供应商进行减排，在某种程度上也是分摊了供应商的碳排放成本。采用批发价契约，供应商通过提高原材料或半成品价格的方式，获得额外利润从而弥补碳排放成本。因此，供应链契约是在碳排放控制条件下协调供应链成员间行为的主要方法。

第三，供应链协调是应对碳排放控制的主要途径。无论是基于行政命令还是基于市场的碳排放控制措施，在碳排放控制条件下，采用供应链协调方式均是有效应对措施之一。供应链成员可以单独采用研发减排技术或购置减排设备等方式控制各自碳排放，但由于相对于供应链协调成本较高，且如果供应链其他成员缺乏共同分摊碳排放成本的意愿，最终会降低减排目标。通过供应链成员间协调，采取合理规划网络布局、运输工具、运输路线等措施，完全可以在不显著增加供应链成员碳排放成本的前提下，对碳排放实施有效控制。鉴于此，供应链协调将成为应对碳排放控制的一种有效途径。

3.3 碳排放控制下供应链协调所面临的主要问题及解决对策

依据环境问题的内部化外部性问题理论，碳排放控制最终还是需要依靠企业自身来加以有效解决。碳排放产生于产品生产供应链的各个环节，单纯从供应链某一环节入手很难有效控制碳排放，生产商可以采用“上推”或“下压”的方式将碳排放强制分配给供应链的上游或下游企业，从而不能真正达到降低最终产品碳排放的目标。因此，在碳排放控制条件下的供应链协调问题就显得尤为重要，如何利用供应链协调达到既不减少供应链各成员利润，又有效控制碳排放就成为值得研究的重要问题。鉴于此，在对供应链整体进行设计的基础上，必须要考虑碳排放控制下，基于从供应链源头即供应商的选择到最终售后服务，直至废旧产品收回的整个闭环供应链上的供应链协调问题。碳排放控制下的供应链协调问题主要包括供应商选择时碳排放是否成为供应商选择要素之一，在碳排放控制条件下如何恰当选择供应商并在供应商之间进行订货量分配，由生产商和供应商组成的两级供应链协调等问题。本书力图从碳排放控制方式入手，分析如何在碳排放控制条件下有效实施供应链成员间协调，进而实现经济效益最优化。因此，本书在分析碳排放能否成为供应商选择要素的基础上，研究考虑碳排放因素的单个或多个供应商选择等供应链协调实施的关键问题，进而分析由生产商和供应商组成的两级供应链在碳排放控制下协调的实现途径。

3.3.1 供应商选择要素问题

供应商选择要素的确定是供应商选择问题中的关键所在之一，只有明晰影响供应商选择的要素，才能真正选择出满足生产商需求的供应商。在碳排放控制条件下，碳排放能否成为供应商选择要素是亟待解决的问题之一。本书力图从供应商碳排放对生产商碳信息披露质量的影响这一角度，分析碳排放在供应商选择要素中所处的重要地位。

供应商真实、公允的碳信息披露是生产商选择供应商的根基，只有在供应商准确披露其碳排放量的基础上，生产商才能准确选择合适的供应商，碳排放控制下的供应链成员间的协调才有可能实现。供应商的碳排放量披露基于对供应商碳排放准确衡量的基础之上。在由生产商和供应商组成的两级供应链中，供应商的碳排放测度及准确披露显得尤为重要，其主要原因在于产品生产供应链的源头是原材料采购，而原材料采购的前提是供应商的选择，选择合适的供应商不仅有助于稳定原材料来源，提高产品质量，还有助于碳排放控制。针对碳排放能否成为供应商选择要素的研究，本书主要从以下两个方面展开：

一是准确测度供应商碳排放。若对某项事件无法进行测度，则无法对其进行有效管理，测度是对其进行有效管理的前提。同样，对碳排放不能准确测量则无法对其进行有效管理，准确测度碳排放是对其进行有效管理的基石，同时也是对碳排放进行控制的前提条件。碳排放测度的首要问题是关于碳排放范围的界定，只有明晰碳排放测度范围，才能准确测量碳排放。依据世界资源协会和世界可持续发展商业理事会的标准，碳排放不仅包括其自身的直接碳排放，还包括为其提供电力以及能源的间接碳排放以及其他碳排放。因此，生产商的碳排放不仅包括自身的碳排放，还包括其供应商的碳排放。其次，如何计量供应商碳排放也是碳排放测度中的关键问题。对于供应商而言，碳排放主要产生在生产以及货物运输等环节，在原材料的生产过程中应加强产品生产的碳排放计量。此外，针对碳排放产生主要来源的货物运输，如何有效分析和计量不同运输工具，以及同一运输工具在不同状态（如卡车的空载与满载）等时的碳排放，也是需要考虑的问题。因此，对于供应商选择中其货物运输的碳排放研究是解决碳排放能否成为供应商选择要素的途径之一。

二是分析供应商碳排放对生产商碳信息披露质量的影响。供应商碳信息披露质量的重要性主要体现在其是分析碳排放能否成为供应商选择要素的基础。供应商选择要素的确定是选择最优供应商的根本前提，价格、质量、服务水平、供应商生产能力等是传统意义上选择供应商的几个主要指标，随着碳排放问题日益受到关注，尤其是以北京、上海等七省市为代表的碳排放交易平台的建立，碳排放已经成为原材料采购过程中必须要考虑的一个重要问题，碳排放因素也已经成为选择供应商的重要因素。采取实证研究方法，借助对数据的收集和分析，本书研究了以供应商碳排放为主的间接碳排放与生产商的碳信息披露质量之间的关系。从研究结果可以看出，两者之间具有较强的正相关关系，鉴于此，准确测度供应商的碳排放无疑会对生产商的碳信息披露质量产生影响。高质量的碳信息披露不仅有利于管理者掌握真实的碳排放信息，还有助于企业利益相关者针对碳排放信息做出合理的决策。管理者通过对高质量碳排放信息的分析，将加强对碳排放的控制，在符合国家对碳排放控制的前提下，通过供应链协调达到经济效益和碳排放控制均衡的双赢目标。

3.3.2 基于供应商选择的供应链协调问题

在选定供应商的基础上，生产商面临的首要问题就是恰当确定满足自身需求的合适订货量，在综合考虑碳排放以及采购成本的基础上，如何确定较为合适的订货量，从而达到碳排放以及采购成本之间的均衡，是生产商订货量确定时的关键。由于生产商面临选择单个或多个供应商的问题，其订货量的确定也相应存在差异。在选定单个或多个供应商的基础上，如何恰当确定订货量是供应链协调需要研究的关键问题。对于碳排放控制下的供应商问题而言，主要从以下三个方面展开分析并力图加以解决：

一是恰当选择满足生产商需求的供应商并确定合适的订货量目标。在充分考虑供应商其他选择要素的基础上，结合碳排放因素，分析在碳排放控制条件下生产商对供应商选择的变化。分析生产商在考虑订货量问题时，应考虑生产商确定订货量的目标是什么，其主要关注的是碳排放最小，还是采购成本最小，抑或在碳排放和采购成本之间找到平衡。生产商在综合考虑碳排放以及采购成本的基础上，分析碳排放与采购成本之间的关系，随着碳排放减少采购成本呈现何种特性，力图通过恰当的订货量调整来达到碳排放与采购成本之间的均衡。

二是分析外部环境变化及订货策略变动等对订货量的影响。面对日趋激烈的市场竞争环境，生产商会依据不同的市场状况制定其自身的订货策略，如生产商结合自身的生产状况采取单期或多期订货、是否享受数量及价格折扣等不同的订货策略时，订货量将随之发生改变。因此，订货策略的变化将对订货量产生影响。外部环境的变化同样对订货量产生影响，尤其是生产商面对确定需求或不确定需求时，其订货量存在显著差异。除了需求的变化以外，其他因素也会对订货量产生影响，如随着原材料价格呈上涨趋势以及订单的增加而适当加大原材料库存，防止因原材料短缺造成重大损失的策略，也使生产商订货在增加。生产商应在结合企业内外部环境的基础上，综合考虑碳排放及采购成本，确定较为恰当的订货量，在满足企业自身需求的同时达到企业对碳排放或采购成本的要求。

三是针对单个或多个供应商选择策略差异的分析。首先，针对选择单个供应商而言，生产商采购时面临的风险会更大，一旦供应商不能按时提供原材料，生产商将会因不能及时完成订单生产而遭受巨大损失。同样，面对不同的订单要求生产商会采用不同的交通工具，在采购原材料过程中，也会产生不同的碳排放。因此，针对单个供应商，生产商主要考虑的是如何通过订货量的调整来达到碳排放及采购成本之间的均衡问题，由于不考虑在多个供应商之间订货量分配的问题，生产商只能单纯借助订货量的变化达到自身采购的碳排放最小、采购成本最少、采购成本与碳排放之间达到均衡等不同的目标。其次，对于多个供应商而言，虽然因原材料短缺而导致停产的风险大幅降低，但管理各个供应商的成本却有所上升，且综合不同供应商的各个不同特性，尤其是不同供应商由于距离远近不同以及所采用的运输工具的变化，会对包括碳排放在内的采购成本产生重大影响。因此，生产商更多关注的是在综合考虑以上各种因素的情况下，如何在供应商之间恰当进行订货量分配问题，以及供应商选择要素之间相互影响的关系，分析在满足碳排放以及采购成本等均最小的多个目标的情况下，不同供应商之间的订货量分配问题。

3.3.3 基于供应链契约的两级供应链协调问题

鉴于碳排放产生于供应链的各个环节，单纯从生产商角度分析碳排放控制问题，并不能真正达到有效控制碳排放的目的，只有基于供应链视角分析碳排放问题，才有可能达到真正控制碳排放的目标。在碳排放控制条件下，能否通过生产商与供应商之间的两级供应链协调，达到在不减少生产商及供应商利润的同时，有效控制碳排放，是需要进一步分析和研究的问题。针对生产商与供应商的两级供应链协调下的碳排放控制问题，主要从以下两方面展开研究并提出相应解决对策：

一是可以借助供应链契约减少供应商碳排放进而达到控制产品碳排放的目标。供应链契约是供应链成员间为实现某种目标而签署的彼此需要共同遵守的一项或多项协议，是协调供应链成员行为的一种有效手段。供应链契约主要包括收益共享契约、数量或价格折扣契约、回购契约、弹性数量契约等。通过供应链契约可以约束供应链成员的行为，在供应链整体利益得到保证的同时，使各供应链成员也能从中得到收益。作为从供应链整体控制碳排放的一种有效方法，供应链契约能够有效降低供应商的碳排放。按照世界资源协会和世界可持续发展理事会的标准，供应商碳排放作为间接碳排放的主要部分，其碳排放水平不仅影响生产商的碳排放，还对最终产品的碳标识产生影响，有效控制供应商的碳排放将是降低最终产品碳排放的有效途径。

二是碳税及碳排放交易机制下生产商与供应商两级供应链协调。碳税及碳排放交易机制是政府基于市场的两个行之有效的控制碳排放的手段。碳税是国家行政部门通过对碳排放征收碳排放税，促使企业减少碳排放的一种方式。分析碳税税率在何种范围内变动时，生产商与供应商存在协调的可能性很重要，即受生产商与供应商之间所签订契约的约束，达到在不减少供应商利润的同时且有效降低碳排放的目标。随着以欧盟为代表的碳排放交易机制的建立，我国也正逐步探索碳排放交易机制在从总量上控制碳排放所发挥的作用，并以北京、上海等省市为代表开始逐步实施碳排放交易机制。在碳排放交易机制下，国家借助碳排放配额、碳排放交易价格等变化，对由生产商和供应商构成的两级供应链协调的影响来进行碳排放控制的现实途径。

3.4 本章小结

碳排放测度、成本分摊是研究碳排放控制下的供应链协调问题的基础。本章以苹果公司为例，分析了其基于供应链的碳排放测度及在供应链成员间碳排放成本分摊问题。以基于科斯定理的内部化外部性问题及福利经济学理论等为理论基础，针对碳排放控制下的供应商选择要素、供应商选择以及由生产商和供应商组成的两级供应链协调问题展开分析，进而提出具体解决方法。从第 4 章开始分析供应商碳排放对生产商碳信息披露质量影响的视角，研究碳排放是否已经成为除价格、质量、售后服务等因素外的供应商选择主要因素。第 5 章结合单个或多个供应商选择及订货量在供应商之间分配等，分析碳排放对不同供应商选择及订货量分配的影响，并在第 6 章研究在碳排放控制环境变化条件下，由生产商和供应商组成的两级供应链协调的具体途径。

第4章

供应商碳排放量对生产商碳信息披露质量影响分析

供应链包括原材料采购、生产、运输、存储、销售及产品售后回收等各个环节。供应链源头是供应商选择，在碳排放控制条件下，选择满足生产商自身需求的恰当的供应商，是以生产商为主的由生产商和供应商组成的两级供应链协调实施的基础。供应商选择包括以价格、质量、服务、碳排放等为主的供应商选择要素的确定和如何有效选择供应商两个问题。本章主要从以供应商碳排放为主的间接碳排放对生产商碳信息披露质量影响的角度，探讨基于生产商碳信息披露质量视角下的供应商选择要素问题。

4.1 碳信息披露基础

随着企业社会责任报告逐步纳入会计信息披露范畴，会计信息披露范畴在逐步扩大。碳信息披露从本质上来说，已经纳入会计信息披露范围。会计信息披露从会计诞生开始，就存在信息披露问题，会计信息披露需依据其相应的理论基础。

4.1.1 会计信息披露基础

会计信息披露伴随着企业规模扩大而演变，披露内容在逐步扩大，披露方式呈现多样化，披露载体也不再单一化。就单个个体为主的个人独资企业而言，会计信息披露并非是企业必须对外披露的必要内容。随着企业规模扩大，企业在融资等方面所产生的需求，以及随之而来的所有权与经营权的分离，导致企业必须对外提供相应的报告，以满足债权人了解企业经营状况、所有者掌握经营者对企业资产保值增值等方面的需求，进而出现对会计信息披露的要求。因此，会计信息披露基础主要有以下几个方面：

一是所有权与经营权的两权分离。伴随着企业规模不断扩大，所有权与经营权分离是会计信息披露的前提和基础，所有者对经营者存在完成资产保值增值的要求，如何有效监管经营者的行为，使所有者能够对经营者的行为进行恰当评价就显得尤为重要。而借助定期的财务报告等信息披露方式，所有者可以对经营者经营状况以及是否实现资产增值目标进行评价，从而有效缓解由于两权分离所导致的信息不对称问题。

二是如何满足不同信息使用者的要求。企业规模扩大所引发的另一个问题是信息使用者的范围不断扩大，且不同使用者对于企业披露的信息存在不同关注点，如股东关注企业未来发展前景、债权人关注企业偿债能力、政府关注企业社会责任履行情况等，从而对信息披露存在不同要求，如何恰当披露满足不同信息使用者的要求成为信息披露的另一主要问题。企业更多采取的是统一披露，以规避由此带来的披露风险，并降低信息披露成本。但不同信息披露者对信息存在需求差异，而企业披露的更多是公用信息，信息需求者需要根据自身需求，对信息进行二次加工，从而获得自身所需的专用信息。

三是会计信息披露质量标准制定。信息披露质量水平评价取决于信息披露标准的制定，完善的信息披露质量标准制定在满足信息需求者对高质量信息披露需求的同时，也能对信息披露质量进行有效评价。基于此，会计信息披露的各项标准成为各国会计监管及会计政策制定部门主要的工作之一。我国会计信息披露质量更多是基于会计信息质量展开评价，以会计信息可靠性及公允性等为基础制定分层次会计信息质量评价标准。信息披露质量水平评价标准不仅是审计领域的重点研究内容之一，而且是我国市场经济高速发展的必然要求。我国证监会、财政部、证券交易所等机构对上市公司信息披露质量均有要求，自证交所颁布《上市公司会计信息披露规范》以来，对于上市公司的信息披露内容、格式等各方面规范不断完善。

4.1.2 社会责任信息披露基础

碳排放信息披露隶属于环境信息披露范畴，本质上而言，其隶属于社会责任信息披露。面对企业单方面追求经济效益的现状，在强调企业作为经济发展主要推动力的同时，也不能忽略企业所应承担的社会责任，应力求达到经济效益与社会责任之间的均衡。企业社会责任信息披露基础主要在于以下三个方面：

一是社会经济发展的必然选择。面对经济的高速发展，在单方面追求经济效益的同时，企业面临是否应切实履行社会责任的问题。持续、高效、快速发展不仅是国家对于经济发展的要求，还是企业力求达到的发展模式。针对企业履行社会责任而言，在短期内可能会对企业发展产生影响，但从长期来看，其有助于企业经济效益的提高。

二是可持续供应链理论的体现。可持续供应链理论认为企业作为社会经济发展的主要推动力，应满足经济、社会、环境三方面的需求。因此，在强调经济发展的同时，不能忽视企业的社会责任以及环境方面的要求。三者要求相辅相成，缺一不可，这也是企业得以持续发展的前提。从经济方面来看，企业更多关注如何提高产品生产的效益和效率问题，以及如何恰当在这两者之间保持平衡。企业同时也应承担社会和环境等方面责任，发挥其应有的社会功能，注重环境保护问题。只有有效协调这三方面功能，企业才有长远发展的动力。

三是利益相关者理论的要求。利益相关者是能够影响一个组织目标的实现，或者受到一个组织实现其目标过程影响的所有个体和群体，不仅包括股东、债权人、雇员、供应商等，还包括媒体、政府部门以及自然环境等受到企业经营活动直接或间接影响的客体。企业在其发展中要满足不同利益相关者的诉求，包括对公众、对自然环境保护的要求等，只有切实满足利益相关者的需求，企业才有发展的真正动力。依据利益相关者理论，企业应承担其相应的社会责任，这不仅是利益相关者的要求，还是企业得以持续发展的前提和基础。

4.2 供应链视角下的碳信息披露

依据世界可持续发展商业理事会的标准，碳排放包括直接碳排放、购买电力及能源等间接碳排放和其他间接碳排放。基于供应链视角，在由生产商和供应商组成的两级供应链中，碳排放包括以供应商碳排放为主的间接碳排放和以生产商碳排放为主的直接碳排放。恰当测度碳排放是进行碳信息披露的基础，真实、公允地披露碳排放信息是碳信息披露的基本要求。因此，基于供应链视角下的碳信息披露主要包括以下三部分内容：

第一，供应链各成员碳排放的准确测度。供应链各成员碳排放的准确测度是进行碳信息披露的基础，只有在准确测度碳排放的基础上，才有可能真实、公允地披露碳排放相关信息。测度准确需要供应链各成员采用相同的测度方法和设备，正如苹果公司对其供应商的碳排放测度一样，采用苹果公司的专用设备和统一的测度方法，对各供应商的碳排放进行科学测度，从而保证了测度的一致性和可比性。因此，评价供应链某一环节碳排放变化的情况时，也需要对供应链各环节碳排放按照统一准确的方法进行测度。

第二，碳信息披露。碳信息披露包括碳信息披露内容和质量。供应链成员应依据相应法律法规对外恰当披露碳排放信息，这主要体现在应按照碳信息披露要求真实、公允地披露相关内容。目前，我国上市公司有关碳排放信息没有采取单独披露的方式，更多是融合在社会责任信息披露中，对于碳信息披露也没有强制披露的要求。因此，信息披露的可靠性还有待进一步提高。碳信息披露应在不断提高其披露质量的基础上，切实满足不同利益相关者的要求。高质量的碳信息披露不仅对利益相关者的决策提供切实帮助，还会对企业声誉产生重大影响。目前，各国对碳信息披露要求不尽相同，许多国家对碳排放没有强制披露要求，从而导致碳信息披露质量参差不齐。

第三，碳排放量与碳信息披露质量之间关系。影响生产商碳信息披露质量的因素较多，本书主要从供应商碳排放量与生产商碳信息披露质量之间关系的视角展开分析。碳排放包括企业自身的直接碳排放和包含供应商碳排放在内的间接碳排放，作为生产商的碳信息披露质量将受到这两方面的影响。本书以总部在欧盟的世界500强公司为代表，研究碳排放量，尤其是供应商的碳排放量与生产商碳信息披露质量之间的关系。在深入分析生产商碳信息披露质量与以供应商碳排放量为主的间接碳排放之间关系的基础上，证实碳排放在供应商选择要素中所处的重要地位。

4.3 供应商碳排放要素影响分析

生产商的碳排放包括生产产品的直接碳排放以及包含供应商碳排放在内的间接碳排放，供应商的碳排放不仅对最终产品的碳排放产生影响，还将对生产商的碳信息披露质量产生重要影响。本书从供应商碳排放对生产商碳信息披露质量影响的角度出发，分析供应商碳排放与生产商碳信息披露质量之间的关系。

4.3.1 理论分析与假设提出

如何有效评价信息披露质量一直是会计及审计领域关注的焦点问题之一，Neumann 等[183]研究给出反映信息披露质量的四个指标：内容、准确度、时效性和频率。信息披露内容是反映信息披露质量水平的基础，信息披露应较为全面地反映所有信息需求者需要的信息，信息内容应涵盖信息需求者所需求的全部信息，进而有助于信息需求者利用相关信息进行决策。信息披露应具有较高的准确度，虚假的信息将导致信息使用者作出错误决策，进而对信息发布者产生不良印象。信息披露的准确不仅体现为内容准确，还体现为披露方式规范、科学，只有基于此，才能避免对信息需求者的误导。信息披露具有较强的时效性，这主要体现在信息的时效性上，不同时点信息发布不仅影响其有用性还将对信息使用者产生不同程度的影响。

McCormack[184]通过准确性、披露频率、可靠性及预测可用性四个方面测量信息披露质量。在强调信息准确性的同时，其更为关注信息的披露频率、可靠性及预测性。经济业务的复杂性及连续性，对信息披露的频率提出了更高的要求，高频率的信息披露能够较为连续和全面地反映经济业务真实状况，也有助于信息使用者强化对信息之间的比较。可靠性是信息披露的基础规范也是信息披露的基础，只有真实可靠的信息才能为信息使用者的决策提供切实有效帮助。信息可预测性是对信息披露的另一要求，基于过去的信息对未来可能发生的状况进行恰当预测，是信息披露的重要功能。

Petersen[185]通过货币、准确性及完整性等测度信息披露质量。如何将定性信息恰当转换为定量信息一直是信息披露的重要内容，对于会计信息而言，采用恰当的货币计量方式就是典型代表。同时，其更强调信息的完整性，包括信息组成的完整性及在信息传递过程中的完整性，尤其是在组织间进行信息传递时，信息的完整性是组织间进行信息传递的基础。

由此可见，信息披露的准确性、及时性和预测可用性是衡量信息披露质量的三个主要指标。

基于利益相关者理论，生产商碳信息披露质量不仅与其自身碳信息有关，还与其供应链成员的碳信息有关，生产商碳信息披露质量取决于其自身碳排放测度方法和碳信息披露，同时也取决于供应链成员的碳排放量和供应链成员碳信息披露。因此，碳排放在基于供应链层面加以测度的基础上，也应加强供应链成员间的碳排放信息共享。碳排放产生于供应链的各环节，故应基于供应链层面采用统一的设施及方法对碳排放加以准确测量，准确的碳排放测度是保证碳排放信息披露真实可靠的基础。供应链成员之间加强信息交流，能够及时获取准确的供应链成员间碳排放量信息，进而提高碳信息披露的及时性、准确性和完整性，无疑对碳信息披露质量有着极大的促进作用。

鉴于此，本书提出假设 1。

假设 1：供应链成员间信息共享度与碳信息披露质量存在正相关关系。

依据自愿披露理论，公司将自愿披露与公司相关的对公司发展有利或不利的各种信息。有利信息的披露有助于提高公司的核心竞争力，进而取得与其他竞争对手的比较优势，促进公司发展。而关于公司的不利信息的披露一方面可以体现公司的诚信意识，提高公众对于公司诚信度的认可；另一方面也可以规避由于未能及时披露相关不利信息而导致的诉讼风险。因此，依据 Clarkson 等的观点，在环境业绩方面做得好的企业愿意把这种信息传递给利益相关者，在于它很难被环境业绩差的企业进行复制。

社会政治理论包括政治经济、利益相关者和法律理论等。法律理论指出公司的所作所为是社会要求他们的行为。公司披露信息是为了使他们基于公众的视角合法并借此减轻公众对他们实施的压力。利益相关者理论与法律理论的区别在于利益相关者理论表明公司披露信息是为了满足利益相关者的要求，提供他们所需要的信息，而法律理论进行信息披露只是为了在利益相关者眼里使他们看起来更好。因此，公司会进一步规范对各种信息的披露，提高公司信息披露质量。依据社会责任负担现实状况，大公司相比小公司而言应承担较多的社会责任，公众及政府对其关注度及要求也相应较高，大公司相应会面对更为严厉的监管措施。

具体针对碳排放控制而言，控制碳排放量的相关制度出台首先将考虑碳排放量较大的公司，因其承担社会责任的状况也更多受到公众的关注，故对其信息披露质量的要求也越高。碳排放量较大的公司为显示其信息披露质量高于其竞争对手，以便获得公众的认可，进而提升其核心竞争力，同时也减少由于碳信息披露不足引发的相关诉讼风险，其信息披露质量相对较高。

鉴于此，本书提出假设 2。

假设 2：碳排放量与碳信息披露质量存在正相关关系。

前已述及，碳排放量的测度方法以及供应链各成员碳排放量的水平是碳信息披露的主要内容之一，其与碳信息披露质量之间理应存在显著关系。碳排放量主要包括以生产商碳排放为主的直接碳排放量和以供应商碳排放为主的间接碳排放量，两者均会对碳信息披露质量产生影响。

以生产商为主的直接碳排放量对生产商碳信息披露质量会存在一定程度的影响，但由于碳排放产生于供应链的各个环节，以供应商为主的间接碳排放量对生产商碳信息披露质量也会产生影响。基于信息披露的完整性，信息的组成应完整，构成最终产品的碳排放应包含供应链各环节的碳排放。因此，供应商的碳排放应是碳排放信息披露的主要内容之一，尤其是基于供应链层面，碳排放水平应基于供应链整体角度进行考量，单纯从供应链某一环节入手，无法准确衡量最终产品碳排放水平，供应商碳排放与生产商碳信息披露质量存在相关性。自普华永道颁布信息不透明指数以来，信息披露透明度成为衡量信息披露质量的一个主要指标，从信息披露质量透明度角度出发，除生产商以外的供应链其他环节如供应商等的碳排放量披露，无疑将有助于生产商碳信息披露质量的提高，故两者之间应存在显著的正相关关系。

故引申出假设 2a。

假设 2a：间接碳排放量与碳信息披露质量存在显著正相关关系。

4.3.2 研究设计

1. 数据来源

碳披露项目（Carbon Disclosure Project，CDP）是对世界 500 强公司进行碳信息披露的独立组织，其在专门基金委员会支持下独立的以发送问卷等调查方式对世界 500 强公司的碳排放量进行披露，力图从整体层面反映全球碳排放现状及控制情况，具有较高的客观性及权威性。本书样本为世界 500 强中总部在欧盟的公司，选取世界 500 强公司为样本在于可以从 CDP 项目中获取相关公司的碳排放量数据及信息披露质量评价。由于世界 500 强公司总部所在国家不同，各国对碳信息披露要求也不尽相同，公司内外治理环境等存在一定的差异，因此，很难将世界 500 强公司统一作为样本来考察。欧盟作为地区性组织，其成员国之间的经济环境、公司治理环境等较为相似（Freedman，2010），统一货币单位为欧元，欧盟也是排放交易机制实施较早且较为成功的地区，Directive 2003/87/CE 是规范欧盟内部国家碳信息披露的法律文件，多数国家也已颁布相关碳排放披露法规，公司年报在可持续性报告或社会责任报告部分对碳排放信息有所披露，且碳排放量计算均采用温室气体排放协议（GHG Protocol），计算方法相同，数据可靠性较高。欧盟成员国对于碳排放量的要求也相对一致，在一定程度上具有较强的信息可比性。因此，本书选取总部在欧盟的公司作为样本。

碳排放量信息数据主要来源于 CDP，并与公司年报对外披露的碳排放信息进行核对比较，碳排放量数据主要包括以 SCOPE1 为主的直接碳排放量和以购买的外部能源碳排放量 SCOPE2 及其他间接碳排放量 SCOPE3。公司财务数据主要通过各公司网站的财务报告获得。由于 CDP 在 2010 年的 CDP8 报告中才开始披露基于供应链层面的碳排放数据来源，因此，样本数据主要来源于 CDP8 及 CDP9 中欧盟公司的混合面板数据。在两个报告中欧盟所属公司共有 136 家，除去碳排放量数据不全的 62 家，未得到验证的 19 家，共获取了来自 11 个行业、12 个国家的 55 家公司的 102 组数据。

2. 变量选取

因变量：碳信息披露质量。会计信息披露质量通常由个人设计的指标得出的分数，如汤亚莉等[38]考虑各种因素构建的评价信息披露质量的信息披露指数，此种方法是评价人依据相关因素自行构建的相关指标，故具有较大的主观性。此外，也有直接采取第三方机构作出的评价，如洪金明等[186]直接采用深交所对上市公司信息披露给出的级别，作为信息披露质量水平的指标。相较而言，由第三方机构给出的分数相对更为客观，故本书对于碳信息披露质量采用 CDP 项目中的碳信息披露分数，此项得分是 CDP 综合公司碳信息披露的可靠性、相关性及与气候变化相关的公司战略、风险与机会的评价、碳信息披露涉及范围、报告频率、是否进行第三方鉴证等与报告质量相关因素得出的分数，分数高意味着碳信息披露质量较高。

解释变量：供应链成员间信息共享度。此指标反映供应链成员间的信息交流及共享的状况，按照碳排放 SCOPE3 中来源的个数，作为替代变量。SCOPE3 中的碳排放量数据来源主要包括已售产品的最终处理、没有包括在 SCOPE2 中的燃料能源、上下游厂商的租赁资产、购买的货物和服务、产品销售过程、供应商碳排放量、已售产品在仓库和零售商之间的运输和分配、已售产品的使用、运营中浪费消耗等。由此可见，SCOPE3 中的碳排放量数据主要来源于供应链成员，因此，在碳信息披露中 SCOPE3 中数据来源数目多就间接反映了供应链成员间联系的紧密程度较高，代表其基于供应链的信息共享度也较高。

碳排放量：按照温室气体协议，碳排放量主要包括以 SCOPE1 为主的直接碳排放量和以 SCOPE2、SCOPE3 等为主的间接碳排放量。排除未通过 CDP 验证的数据，并与公司财务报告披露数据进行比较。由于主要从公司角度出发进行碳排放量计算，故对于单个公司而言，不考虑间接碳排放量重复计算的问题。

控制变量：公司规模。规模较大的公司，其社会关注度越高，承受的压力相应也就越大，能否切实履行其相关的社会责任往往会成为公众关注的焦点，因此，规模存在差异的公司，其碳排放量不同，碳信息披露质量也不尽相同。

公司盈利能力及财务杠杆。盈利能力较强的公司受公众及分析师的关注较高，更有意愿充分披露其碳排放信息。债务约束会对信息披露产生一定程度影响，按照代理理论，企业具有较高的杠杆率，管理层存在隐瞒信息的动机，这源于不同杠杆率会对公司的融资成本产生影响，故债务约束较高的公司信息披露质量相对较低。

公司所属的行业及总部所在的国家。鉴于不同行业的碳排放量存在差异，王建明[39]将 11 个行业分为两类，其中生产、能源等行业归为重度污染行业，服务等行业划分为轻度污染行业。由于欧盟国家中世界

500 强数目的较显著差异，依据其数目是否高于中位数将国家分为世界 500 强公司数目较多和较少两类。

3. 模型设定

为了深入分析基于供应链层面的碳排放信息共享与碳信息披露质量之间的关系，本书构建了模型 1 来体现碳排放信息共享对碳信息披露质量的影响，根据假设 1，解释变量基于供应链的碳排放信息共享度系数 β_1 应显著为正值。

$$DQ=\beta_0+\beta_1 CINS+\beta_2 SIZE+\beta_3 ROEA+\beta_4 DEF+\beta_5 REVE+\beta_6 IND+\beta_7 COUN+\beta_8 T_1+\beta_9 T_2+\varepsilon \quad (4-1)$$

为研究分析碳排放量与碳信息披露质量之间的关系，本书构建模型 2 体现碳排放量对碳信息披露质量产生的影响，根据假设 2，解释变量碳排放量系数 β_1^* 应显著为正值。

$$DQ=\beta_0+\beta_1^* CE+\beta_2 SIZE+\beta_3 ROEA+\beta_4 DEF+\beta_5 REVE+\beta_6 IND+\beta_7 COUN+\beta_8 T_1+\beta_9 T_2+\varepsilon \quad (4-2)$$

由于采用的是两期面板数据，为消除时间因素的影响，故在模型中增加了两个时间控制变量。

为进一步检验直接碳排放量及间接碳排放量与碳信息披露质量之间的关系，模型 3、模型 4、模型 5 进一步将模型 2 中的碳排放分为直接碳排放和间接碳排放两类进行分析。

具体各变量的说明见表 4-1。

表 4-1　变量定义

变量名称	变量符号	预期符号	变量定义
碳信息披露质量	*DQ*		碳信息披露分数
供应链信息共享度	*CINS*	+	前述反映供应链成员之间的信息共享程度指标

续表

变量名称	变量符号	预期符号	变量定义
碳排放量	*CE*	+	公司总碳排放数额的自然对数（CEZ 与 CEJ 分别表示直接和间接碳排放量的自然对数）
公司规模	*SIZE*		公司期末总资产的自然对数
公司盈利能力	*ROEA*		当年净资产利润率与上年净资产利润率的均值
财务杠杆	*DEF*		总负债与总资产的比值
公司发展	*REVE*		公司年营业收入的增加额
行业	*IND*		公司所属行业为重度污染行业 = 1，轻度污染行业 = 0
公司总部所在国家	*COUN*		世界 500 强数目多国家 = 1，数目较少国家 = 0
时间控制变量	*T*		当时间为 2011 年时，$T_1 = 1$，$T_2 = 0$，否则，$T_1 = 0$，$T_2 = 1$

4.3.3 结论与分析

本书采用 STATA10.0 软件对模型进行分析，得出以下结果。

1. 变量的描述性统计

对于各变量的描述性统计如表 4-2 所示。碳信息披露质量的均值为 80.93，说明整体碳信息披露质量不是特别高，有待提高。其最小值为 51，最大值为 99，标准差为 12.12，表明在各公司间的碳信息披露质量存在较大差异。供应链信息共享度均值为 2.80，标准差为 1.91，且多数在 2.00 左右，说明信息共享度一般。对于碳排放总量、直接及间接碳排放量来说，标准差分别为 7.51、3.32、5.00，总体而言存在一定差异，表明样本同质性不强，有利于进行下一步分析。碳排放总量、直接及间接碳排放量的均值分别为40.71、13.51、27.20，说明三种碳排放量均较高，尤其是间接碳排放量显著高于直接碳排放量。

表 4-2　各变量描述性统计

变量符号	最小值	最大值	中位数	均值	标准差
DQ	51	99	82.00	80.93	12.12
CINS	0	12	2.00	2.80	1.91
CE	25.10	53.80	40.55	40.71	7.51
CEZ	6.63	18.93	13.54	13.51	3.32
CEJ	15.38	36.66	27.20	27.20	5.00
SIZE	9.46	14.80	11.74	12.05	1.33
ROEA	-0.06	1.80	0.11	0.15	0.24
DEF	0.38	0.97	0.77	0.74	0.17
REVE	-9.69	11.44	6.71	2.06	7.92
虚拟变量	值为 1 百分比	值为 0 百分比		均值	标准差
IND	11.4	58.2		0.16	0.373
COUN	57.3	42.7		0.57	0.574

2. 变量的相关性检验

由表 4-3 变量之间的相关性检验可以看出，供应链成员间的信息共享度和总体、直接及间接三种碳排放量与碳信息披露质量存在显著的正相关关系。公司规模、公司年销售收入增加额与碳信息披露质量存在较为显著的正相关关系，在 5%水平上显著，这说明规模较大的公司以及成长性较好的公司其碳信息披露质量也较高。自变量之间相关性不强，不存在多重共线性问题，以下检验将不会受自变量之间相关性的影响。

表 4-3　变量间相关性检验

变量	*DQ*	*CINS*	*CE*	*CEZ*	*CEJ*	*SIZE*	*ROEA*	*DEF*	*REVE*	*IND*	*COUN*
DQ	1	0.419*** (0.001)	0.484*** (0.000)	0.338** (0.012)	0.485*** (0.000)	−0.213 (0.119)	0.311** (0.021)	−0.322** (0.016)	0.330** (0.014)	0.074 (0.590)	0.114 (0.409)
CINS	0.383*** (0.004)	1	0.546*** (0.000)	0.325** (0.016)	0.578*** (0.000)	−0.132 (0.339)	0.167 (0.222)	−0.289** (0.032)	0.341** (0.011)	−0.270* (0.046)	0.083 (0.549)
CE	0.509*** (0.000)	0.500*** (0.000)	1	0.838*** (0.000)	0.942*** (0.000)	−0.218 (0.109)	0.309** (0.022)	−0.630*** (0.000)	0.576*** (0.000)	0.186 (0.174)	0.205 (0.133)
CEZ	0.393*** (0.003)	0.321** (0.017)	0.851*** (0.000)	1	0.631*** (0.000)	−0.203 (0.137)	0.237* (0.081)	−0.482*** (0.001)	0.462*** (0.000)	0.288** (0.033)	0.186 (0.175)
CEJ	0.504*** (0.000)	0.538*** (0.000)	0.937*** (0.000)	0.614*** (0.000)	1	−0.241* (0.077)	0.297** (0.028)	−0.637*** (0.000)	0.563*** (0.000)	0.132 (0.338)	0.187 (0.172)
SIZE	−0.226* (0.097)	−0.167 (0.224)	−0.338** (0.012)	−0.327** (0.015)	−0.291** (0.031)	1	−0.214 (0.117)	0.651*** (0.000)	−0.090 (0.514)	−0.192 (0.160)	−0.059 (0.671)
ROEA	0.146 (0.287)	−0.020 (0.882)	0.265* (0.051)	0.189 (0.166)	0.272** (0.044)	0.153 (0.266)	1	−0.321** (0.017)	0.404*** (0.002)	0.051 (0.710)	−0.020 (0.887)
DEF	−0.275 (0.142)	−0.245 (0.172)	−0.621 (0.342)	−0.472 (0.254)	−0.619 (0.1680)	0.679 (0.216)	0.181 (0.185)	1	−0.515*** (0.001)	−0.279** (0.039)	−0.015 (0.915)
REVE	0.297** (0.028)	0.294** (0.029)	0.469*** (0.000)	0.408*** (0.002)	0.434*** (0.001)	−0.151 (0.270)	−0.148 (0.280)	−0.050 (0.718)	1	0.226* (0.097)	0.100 (0.467)
IND	0.088 (0.522)	−0.239* (0.079)	0.190 (0.164)	0.293** (0.030)	0.091 (0.507)	−0.208 (0.127)	−0.055 (0.688)	−0.061 (0.660)	0.199 (0.146)	1	−0.006 (0.967)
COUN	0.070 (0.613)	0.131 (0.340)	0.187 (0.170)	0.161 (0.242)	0.175 (0.201)	−0.051 (0.710)	−0.051 (0.710)	0.179 (0.190)	0.128 (0.353)	−0.006 (0.967)	1

注：左下方为 Person 检验，右上方为 Spearman 检验，***、**、*分别表示为在 1%、5%、10%水平显著。以下表格中 * 号个数为相同含义。

3. 多元线性统计回归结果分析

（1）针对假设 1 的多元线性回归分析结果

以碳排放信息质量为被解释变量，分别根据两个模型得出表 4-4 的多元线性回归结果。表 4-4 第 3 列第 3 行检验供应链信息共享度与碳信息披露质量之间的关系，即基于供应链层面的信息共享是否对碳信息披露产生影响。结果表明，在控制了其他相关变量以后，供应链信息共享与碳信息披露质量在 5%水平上显著正相关，表明供应链信息共享度越高，则其碳信息披露质量也相应越高，与模型的预期结果较为一致，从而验证了假设 1。

表 4-4 中的第 4 列第 4 行检验碳排放总量与碳信息披露质量之间的关系。结果表明，在控制相关变量后，碳排放总量与碳信息披露质量之间存在 1%水平上显著，且两者存在显著的正相关关系，即碳排放量越大其碳信息披露质量也越高，与预期的假设符号一致，假设 2 得到验证。

表 4-4　多元线性回归分析结果

变量	预期符号	模型 1	模型 2
Constant		85. 464*** （16. 435）	53. 866*** （19. 997）
CINS	+	2. 210** （0. 932）	
CE	+		0. 899*** （0. 273）
SIZE		−1. 023 （1. 682）	−1. 948 （1. 609）
ROEA		4. 562 （6. 567）	0. 337 （6. 368）
DEF		−0. 016 （14. 548）	19. 682 （15. 480）
REVE		0. 224 （0. 242）	0. 232 （0. 232）
IND		3. 162 （4. 475）	−0. 633 （4. 242）
COUN		−0. 084 （3. 372）	−1. 545 （3. 272）
Adj-R^2		0. 107	0. 188
F 值（显著度）		1. 929* （0. 086）	2. 784** （0. 017）

VIF 值均小于 4

（2）针对假设 2 的多元线性回归分析结果

碳排放总量与碳信息披露质量之间存在显著的正相关关系，而公司碳排放量包括直接碳排放量和间接碳排放量，需要进一步验证这两种碳排放量与碳信息披露质量之间的关系，这种关系由表 4–5 中的三个模型的分析结果得以检验。

由模型 3 可以看出，直接碳排放量与碳信息披露质量之间存在一定正相关关系，在 10%水平上显著。由模型 4 看出，间接碳排放量与碳信息披露质量之间的关系较为密切，两者在 1%水平上显著。当在模型中同时引入两种碳排放量时，由模型 5 发现，间接碳排放量与碳信息披露质量依然存在正相关关系，且仍在 1%水平上显著，而直接碳排放量与碳信息披露质量则不存在显著相关关系。由此可见，无论是直接碳排放量还是间接碳排放量均与碳信息披露质量之间存在一定的正相关关系。但是，基于供应链层面的间接碳排放量与碳信息披露质量之间存在较为显著的正相关关系。从碳排放量角度来看，间接碳排放量与碳信息披露质量之间的关系更为密切，其与碳信息披露质量之间关系的显著度高于直接碳排放与碳信息披露质量之间的显著度，间接碳排放量是影响碳信息披露质量的主要因素之一。五个模型的 VIF 值均小于 4，表明五个模型均不存在多重共线性问题。

表 4–5　基于碳排放量的多元线性回归分析结果

变量	预期符号	模型 3	模型 4	模型 5
Constant		77.603*** (19.022)	53.938*** (19.445)	51.835*** (20.055)
CEZ	+	1.121* (0.579)		0.306 (0.616)
CEJ	+		1.424*** (0.412)	1.312*** (0.472)
SIZE		−1.179 (1.709)	−2.516 (1.619)	−2.378 (1.656)
ROEA		3.310 (6.700)	0.831 (6.376)	0.669 (6.426)
DEF		2.538 (15.054)	25.677 (16.042)	25.004 (16.229)
REVE		0.270 (0.249)	0.279 (0.227)	0.259 (0.233)

续表

变量	预期符号	模型 3	模型 4	模型 5
IND		−2.260（4.602）	1.368（4.429）	0.787（4.441）
COUN		−0.280（3.454）	−1.613（3.239）	−1.699（3.270）
Adj-R^2		0.074	0.203	0.190
F 值（显著度）		1.620（0.153）	2.970**（0.012）	2.588**（0.020）
VIF 值均小于 4				

4. 稳健性检验

稳健性检验主要是衡量结论否可靠的主要手段，本书中对于公司盈利能力、间接碳排放量、不同行业采用不同衡量指标，并为消除面板数据的影响进行了进一步分析，其结论与原结论保持一致。具体而言，公司盈利能力采用当年总资产利润率和上年总资产利润率的均值时，对本研究结论并不产生较大影响。间接碳排放量单独采用 SCOPE2 或 SCOPE3 数据时，本书结论仍然成立。为消除面板数据可能产生的异方差影响，本书采用的均是 robust T 及 robust F 检验，同时采用可行广义最小二乘法对模型再次进行回归分析，所得结果没有显著变化。对重污染行业进行检验，结论同样无显著变化。稳健性检验的详细结果见本书最后附录。

5. 结论与启示

根据以上的分析结果可以得出如下结论与启示：

（1）基于供应链层面的信息共享与其碳信息披露质量之间存在较为显著的正相关关系

供应链成员间信息共享度高的公司其碳信息披露质量也较高，这表明生产商碳信息披露质量一方面取决于其自身信息披露质量，另一方面也取决于供应链成员间的信息共享。供应链成员间的信息共享，在消除

“牛尾效应”所引发的供应链整体效率不足，提高供应链整体利益的同时，进而使供应链各成员利益均得以改善。基于信息披露质量的视角，信息共享可以促进生产商碳信息披露质量的提高，因此，提高供应链成员间的信息共享成为必然。但是，在加强供应链成员间信息共享的同时，如何有效避免由于信息共享而导致的核心竞争力丧失，保持公司原有的竞争力也是值得进一步思考的问题。

（2）碳排放量较大的公司其碳信息披露质量也较高

公司碳信息披露质量与其碳排放量存在正相关关系，这一方面表明重污染行业、碳排放大的公司受到公众及政府的关注度较高，为避免由于碳信息披露问题而导致经济或名誉的损失，其也更为重视碳信息披露质量。另一方面，由于碳排放较高，有效控制碳排放也成为公司履行社会责任的一个重要体现，有效控制碳排放，并及时披露碳信息成为公司的必然选择。

（3）基于供应链的以生产商为主的间接碳排放量与碳信息披露质量之间存在显著的正相关关系

间接碳排放量是影响碳信息披露质量的要素之一，这与 Huang 等[47]采用投入—产出法分析公司碳排放，所得出的结论一致。因此，基于碳信息披露质量的视角可以发现，碳排放大的企业其信息披露质量较高，碳排放量已经成为衡量碳信息披露质量的一个主要指标。具体针对间接碳排放和直接碳排放而言，间接碳排放与碳信息披露质量之间的关系更为密切。作为间接碳排放主要来源的供应商的碳排放与碳信息披露质量之间有较为显著的正相关关系，使生产商在选择供应商的过程中理应关注供应商碳排放量。

（4）碳排放理应成为供应商选择的主要因素之一

基于供应商选择要素的供应商选择及评价是供应商选择问题中的核心问题之一，如何恰当确定供应商选择要素，对生产商选择合适的供应商发挥着重要作用。由上述分析结果可以发现，以供应商为主的间接碳排放量与生产商的碳信息披露质量之间存在显著正相关关系，表明在供应商选择过程中除价格、质量、售后服务等供应商选择要素外，生产商应重点关注供应商碳排放量，碳排放量应成为供应商选择要素之一。对于碳排放量较大的供应商而言，鉴于法律法规约束及其经济后果的考量，供应商也将更加注重采取科学的方法对其自身的碳排放控制，并采取恰当方式披露其相关碳排放信息。

（5）强化基于供应链层面的信息系统的构建

上述分析结果表明，供应链成员间强化信息与生产商碳信息披露质量呈显著的正相关关系，这表明应加强基于供应链层面的供应链成员间的信息共享。在企业信息系统的发展历程中，物料需求计划（Material Requirements Planning，MRP）、包含财务的扩展的物料需求计划（MRP Ⅱ）、企业资源计划（Enterprise Resource Planning，ERP），更多是基于单个企业的信息系统构建。随着企业间竞争由单个企业转变为以核心企业为主的供应链之间的竞争，基于供应链层面的信息系统构建成为必然，在此基础上，基于供应链层面的供应链成员间的信息系统联合资源计划（Unit Resource Planning，URP）成为未来信息系统发展方向。目前，部分企业集团已经开始实施企业集团内的财务共享计划，使信息能够在企业集团内部共享，不仅提高工作效率，还有利于基于企业集团总部对所属公司的监管，企业集团内财务共享已经成为企业集团发展的共识。基于供应链层面的信息共享已经初现端倪，随着信息技术的发展，基于供应链层面的信息共享将成为未来企业集团信息共享系统发展的必然趋势。

4.4 本章小结

恰当确定供应商选择要素是研究供应商选择问题的关键之一，也是生产商选择合适供应商的前提。在传统以价格、质量、售后服务等为主的供应商选择要素的基础上，本章选取总部在欧盟的世界 500 强企业为样本，从供应商碳排放与生产商碳信息披露质量之间关系的角度出发，研究以供应商碳排放为主的间接碳排放对生产商碳信息披露质量的影响。研究表明，供应链成员间信息共享与生产商碳信息披露质量存在相关性，从而证实基于供应链层面信息系统构建的重要性。以供应商碳排放为主的间接碳排放与生产商碳信息披露质量存在显著相关性，表明在供应商选择问题中，应着重考虑供应商碳排放因素。

第5章

碳排放控制下的供应商选择

鉴于供应商碳排放对生产商所产生的重要影响，供应商选择对于生产商而言就显得尤为重要。就生产商而言，供应链协调问题研究首先表现为供应商选择及订货量分配问题。生产商在碳排放控制条件下，在综合考虑供应商选择风险、成本以及产品质量、售后服务等多种因素的基础上，选择适合自身需求的单个或多个供应商。对于单个供应商而言，生产商更多关注的是订货量的调整；而对于多个供应商，生产商首先需要考虑如何选择多个供应商，其次是在多个供应商间订货量分配的问题。

5.1 概述

基于生产商视角的碳排放控制下的供应链协调问题，包括生产商如何恰当选择合适的供应商，以及在选定供应商基础上生产商与选定供应商之间协调两个问题，本章重点关注供应商选择问题。碳排放控制下的供应商选择问题主要包括如下两部分内容：

第一，碳排放控制下供应商数量确定及订货量分配。生产商在碳排放控制条件下，面临选择单个或多个供应商的问题。若生产商选定单个供应商，在碳排放控制条件下，生产商更多关注的是如何通过订货量的调整来达到碳排放与经济效益之间的均衡。而如果选择多个供应商，则需要考虑如何在多个供应商之间进行恰当的订货量分配，使在经济效益不减少的情况下，碳排放也能得到有效控制。

第二，外部环境变动所带来的影响。无论是外部市场环境的变化还是碳排放控制机制的改变，均会对供应商选择产生影响。本章力图通过以市场需求为代表的外部市场环境的变化，分析在碳排放控制条件下，外部市场变化对供应商选择及订货量分配的影响。同时，以碳排放交易机制为代表，研究以碳排放配额、碳排放交易价格等为主的碳排放交易机制的变化对供应商选择影响，进而分析生产商在外部环境变化的情况下，如何借助供应商选择达到经济效益和碳排放之间的均衡。

5.2 碳排放控制下单个供应商订货量问题

与依靠政府行政命令控制碳排放不同，作为从总量上控制碳排放的一种基于市场的管理机制，碳排放交易在欧盟各国得到了广泛运用，碳排放交易系统是在欧盟内最早实施且较为成熟的一套交易机制，并得到了联合国的认可和推广。全球碳排放交易量预计 2025 年将达到 2 万亿美元，我国在 2015 年开始实施碳排放交易，目标是到 2020 年单位国内生产总值碳排放量比 2005 年减少 40%～45%，因此，基于供应链视角的碳排放控制将是有效控制碳排放的途径之一。目前，融合碳排放的供应链决策问题研究更多集中在战略层面，缺乏具体针对战术及运营层面的分析。对于碳排放也多是给出一种测算模型，由于外部环境因素的复杂性，其实际应用明显不足。因此，有必要在物流网络环境下结合碳排放对订货成本及持有成本等影响的基础上，展开基于库存成本的单个供应商的碳排放控制问题研究。

5.2.1 考虑碳排放的模型构建与求解

本书将构建结合碳排放因素的库存成本模型，并从订货和持有等构成库存成本的两个主要方面，分析碳排放对库存成本的影响。通过对本问题的研究，可以帮助生产商在明晰碳排放对库存成本造成影响的基础上，通过订货量的调整达到碳排放成本和库存总成本之间的一种平衡。经典经济订货量模型是库存管理中最常见的一个模型，该模型在已知需求确定、不允许缺货和不考虑订货提前期等条件下，考察成本最小时的经济订货量。库存总成本包括运输成本、持有成本及相关的罚成本（包括不能按时交货的罚金及运输途中时间过长造成的货物腐败变质等），运输时间长短和持有数量是影响总成本的两个主要因素，在货物运输和持有这两个环节中碳排放也最多。时间因素在库存管理中起着重要作用，较短时间的运输，不仅可以有效减少货物在运输途中的惩罚成本，还能减少货物的库存量。但运输时间的减少与运输工具速度的提高密不可分，速度的提高依靠能源的高消耗，从而增加了在运输过程中的碳排放。行车速度和碳排放呈现“U”形关系，在达到经济速度之前，随着速度的提高碳排放会降低，而达到经济速度以后，随着速度增加，碳排放也会增加（蔡春丽等）[187]。在正常情况下，车辆均会以经济速度行驶，这样既控制碳排放，又不会由于运输时间增加导致罚成本。但由于货物运输时间的限制会导致车辆不能按经济速度行驶，势必会在经济速度之上提速，速度提高与碳排放呈正相关，即随着速度的提高，碳排放也会增加。在传统经济订货量模型的基础上，本书融入时间、碳排放等因素，重新构建经济订货量模型。

模型符号含义：

D——货物的年需求量；

Q——每次采购货物量；

K——货物的每次采购成本；

H——货物的持有成本；

S——货物运输车辆速度；

L——运送货物两地之间距离；

β——单位时间内运输货物罚成本系数，单次运输货物罚成本为 βQ；

F_0、F——货物持有中固定及变动碳排放量，依据线性关系，储存 Q 数量货物的成本为 F_0+FQ；

N_0、N——运输中固定和变动的碳排放量，N_0 为运输工具空载时的碳排放量；

α——依据运输速度的碳排放调节系数，速度越快碳排放越高，即 $\alpha>1$；

C——单位数量碳交易价格；

M——碳分配额度；

Y——碳交易数额，$Y>0$ 表示购买，$Y<0$ 则为出售。

对于经典的经济订货量模型，总成本 TC_1 的计算方式为：

$$TC_1 = K\frac{D}{Q} + H\frac{Q}{2} \tag{5-1}$$

由公式（5-1）可以求出 $\frac{d^2 TC_1}{dQ} = \frac{2DK}{Q^3}$，由于 K、D、Q 均为正数，故 $\frac{d^2 TC_1}{dQ}>0$，由此可知，存在最小订货量使得总成本 TC_1 最小。

由于理论上订货量 Q 取值范围为［0，+∞），故由公式（5-1）可以推出，经济订货量 Q_1 为：

$$Q_1 = \sqrt{\frac{2DK}{H}} \tag{5-2}$$

订货总成本 TC_1 为：

$$TC_1 = \sqrt{2KDH} \tag{5-3}$$

传统的经典经济订货量模型主要是基于静态环境的库存分析，并未考虑在物流网络环境下货物运输速度对货物持有量及罚成本的影响，运输速度的提高有助于货物持有量的降低，由于不能及时运达而可能产生的罚成本，与运输时间、单位货物罚成本、订货量有关，考虑线型关系，罚成本为$\frac{L}{S}D\beta Q$，故总成本 TC_2 为：

$$TC_2=K\frac{D}{Q}+H\frac{Q}{2S}+\frac{L}{S}D\beta Q \tag{5-4}$$

由公式（5-4）式推出，$\frac{d^2TC_2}{dQ}=\frac{2DK}{Q^3}>0$，存在最小订货量使总成本 TC_2 最小。

故经济订货量 Q_2 为：

$$Q_2=\sqrt{\frac{2DKS}{H+2LD\beta}} \tag{5-5}$$

总成本 TC_2 为：

$$TC_2=\sqrt{\frac{2KD（H+2LD\beta）}{S}} \tag{5-6}$$

由于碳排放主要发生在货物运输和持有环节，是影响库存成本的主要因素之一，在库存成本构成要素中必须加以考虑。

在市场的碳交易机制下，企业可以从市场中买卖其不足或超支的碳排放额度，因此，考虑碳排放的总成本 TC_3 的计算方式如下：

$$TC_3=K\frac{D}{Q}+H\frac{Q}{2S}+\frac{L}{S}D\beta Q+CY \tag{5-7}$$

在货物持有过程中，除固定成本外，碳排放主要与持有货物数量有关，碳排放量为 $F_0+F\frac{Q}{2S}$，持有中的碳排放量为（$N_0+N\alpha SQL$）$\frac{D}{Q}$，故其总排放量为 $F_0+F\frac{Q}{2S}+N_0\frac{D}{Q}+N\alpha SLP$，因而库存成本优化模型应为：

$$\text{Min } K\frac{D}{Q}+H\frac{Q}{2S}+\frac{L}{S}D\beta Q+CY$$

$$\text{s. t.}\quad F_0+F\frac{Q}{2S}+N_0\frac{D}{Q}+N\alpha SLD-Y=M \tag{5-8}$$

对上述公式（5-8）求解，可以得出，$\frac{d^2TC_3}{dQ}=\frac{2KD+2N_0D}{Q^3}>0$，存在最小订货量使总成本 TC_3 最小。

故经济订货量 Q_3 为：

$$Q_3=\sqrt{\frac{2DS\ (K+CN_0)}{H+2LD\beta+CF}} \tag{5-9}$$

总成本 TC_3 为：

$$TC_3=\sqrt{\frac{2D\ (K+CN_0)\ (H+2LD\beta+CF)}{S}}+CF_0+CN\alpha SLD-CM \tag{5-10}$$

当禁止碳排放或碳交易价格过高时，经济订货量则为碳排放量 TC_4 最小时的数值 Q_4，其中：

$$TC_4=C\left(F_0+F\frac{Q}{2S}+N_0\frac{D}{Q}+N\alpha SLD-M\right),\ Q_4=\sqrt{\frac{2DSN_0}{F}} \tag{5-11}$$

TC_4 对 Q 求导得出此时经济订货量 Q_4，与上述计算过程类同，不再赘述。

5.2.2 模型结果分析

通过对上述模型求解结果的分析，可以得出以下结论：

命题 1 当 $\beta<\beta_0$ 时，$Q_4<Q_3<Q_2$；当 $\beta>\beta_0$ 时，$Q_4>Q_3>Q_2$；当 $\beta=\beta_0$ 时，$Q_4=Q_3=Q_2$，其中 $\beta_0=\frac{KF-N_0H}{2N_0LD}$。

证明 比较 Q_2、Q_3 及 Q_4 的结果，即可。

由此可见，当单位罚成本满足命题 1 时，是否考虑碳排放的经济订货量并不发生变化。当单位罚成本固定不变时，运输距离越大，考虑碳排放的经济订货量大于不考虑碳排放的经济订货量。单位数量的碳交易价格对命题 1 中三种情况下的经济订货量关系并不产生影响，即在运输距离保持不变的情况下，考虑碳排放的经济订货量和不考虑碳排放时的订货量大小关系保持不变。

当 β<（或>）β_0 时，随着 Q 的增大，在达到 Q_4（Q_3）之前，碳排放成本和总成本都在下降，在 Q_4 和 Q_3 之间，碳排放成本逐步增大（降低），但由于储存和运输的成本的下降（增大），导致两者之和的总成本仍然下降（增大），在达到 Q_3（Q_4）之后，随着 Q 的增大，碳排放成本和总成本均呈现增大的趋势。

命题 2　在考虑碳排放情况下，经济订货量与碳分配额度无关。在碳分配额度不变的情况下，随着单位碳排放价格的上升，当 $\beta>\beta_0$ 时，经济订货量增加，反之，经济订货量减少。

证明　由公式（5-9）可以看出，Q_3 与 M 无关。$\frac{dQ_3}{dC}$是否大于零，取决于 $M'>0$，其中，$M'=2DSN_0H+4LD^2\beta SN_0-2DSKF$，由此得出以上结论。同理，可以得出 TC_3 对 C 求导大于零的条件。

命题 3　若碳交易价格伴随分配额度的增加而减少，则当 $\beta>\beta_0$ 时，经济订货量随着碳分配额度的增加而增加，反之则减少，其中$\beta_0=\frac{KF-N_0H}{2N_0LD}$。

证明　碳交易价格随着分配额度的增加而下降，因而$\frac{dC}{dM}<0$。由于$\frac{dQ_3}{dM}=\frac{dQ_3}{dC}\frac{dC}{dM}$，当 $\beta>\beta_0$ 时，$\frac{dQ_3}{dC}>0$，故$\frac{dQ_3}{dM}<0$，即可得证。

由此可见，随着碳排放价格的上升，经济订货量是否增加取决于 β 的临界值 β_0，而总成本则取决于 M 的大小。

M 的变化只会对总成本产生影响，Q 的变动会对持有和运输成本产生影响，因此，M 的变化并不会影响经济订货量。

命题 4 在考虑碳排放的前提下，随着单位碳排放价格的上升，当 $M<M_0$ 时，总成本也相应增加，其中：$M_0=\dfrac{F_0+M^{-\frac{1}{2}}A^{-\frac{1}{2}}\dfrac{B}{S^2}}{E\alpha SL}$，$A=\dfrac{2D(K+CN_0)(H+2LD\beta+CF)}{S}$，$B=2DKH+HF+N_0H+2N_0LD\beta+2CN_0F$。

证明 TC_3 对 C 求导，判断其式大于零时的条件，即可证明。

因此，随着碳排放价格的上升以及企业碳分配额度的增加，企业如果能够卖出更多的碳，就会获得较大的收益，从而使成本降低，因此，碳分配额度会对成本产生影响。

命题 5 当对碳排放没有约束时，其经济订货量为 Q_2；当禁止碳排放时，其经济订货量为 Q_4。

证明 当对碳排放没有约束时，M 可以为任意大的整数，而碳交易价格可视为 0，即当 $M\to\infty$ 时，$C(M)=0$。

此时 $Q_3=\sqrt{\dfrac{2DS(K+C(M)N_0)}{H+2LD\beta+C(M)F}}=\sqrt{\dfrac{2DKS}{H+2LD\beta}}=Q_2$。这就表明，当没有碳排放限制时，经济订货量可以不考虑此项限制。

当严格禁止碳排放，即 M 为时 0，此时碳交易价格可为任意大的正数，即当 $M=0$ 时，$C(M)\to\infty$，此时 $Q_3=\sqrt{\dfrac{2DS(K+C(M)N_0)}{H+2LD\beta+C(M)F}}=\sqrt{\dfrac{2DSN_0}{F}}=Q_4$。从而说明，当碳排放交易价格过高时，只能选取碳排放成本最低时的订货量。

5.2.3 数值分析

为了得到进一步的分析结果，对于以上推导出的结论，采用具体数值加以验证。计算数据取自文献[188]，计算结果如表 5-1 所示。

表 5-1 分析结果的数值计算

K	S	H	L	β	F	N	α	C	Q_3	TC_3
120	150	6	100	0.0005	20	40	1.8	3	424	101400816
120	200	6	100	0.0005	20	40	1.8	3	490	166200798
120	250	6	100	0.0005	20	40	1.8	3	548	231000787
120	150	6	100	0.0005	20	40	1.8	4	424	135201076
120	150	6	100	0.0005	20	40	1.8	5	424	169001336
120	150	6	100	0.0005	20	40	1.8	6	350	202801596
120	150	6	100	0.001	20	40	1.8	3	408	101400822
120	200	6	100	0.001	20	40	1.8	3	471	166200803
120	150	6	100	0.001	20	40	1.8	4	411	135201082
120	150	6	100	0.001	20	40	1.8	5	413	169001342

从图 5-1 可以看出，随着变量 β 值的增加，不考虑碳排放量的经济订货量 Q_2 显著下降，而考虑碳排放的经济订货量 Q_3 数值下降幅度较缓，Q_4 则不受 β 数值的影响。从而得出，当 $\beta=\beta_0=0.0005$ 时，$Q_4=Q_3=Q_2$；当 $\beta<\beta_0=0.0005$ 时，$Q_4<Q_3<Q_2$；当 $\beta>\beta_0=0.0005$ 时，$Q_4>Q_3>Q_2$。

上述分析说明，考虑碳排放后，受持有和运输中碳排放固定及变动成本的影响，使 Q_3 数值的变化变得不太明显，经济订货量并未发生大的波动，处于较平稳的状态。这主要是由于将碳交易价格与单位持有成本的乘积作为影响经济订货量因素的原因。当考虑碳排放最小时的经济订货量时，与单位罚成本系数无关。

由图 5-2 可以清晰看出，当 $\beta>\beta_0$ 时，随着碳交易价格 C 的增加，若要保持库存总成本最低，经济订货量需随之变大，同时当 $M<M_0$ 时，随着碳交易价格 C 的增加，总成本同样呈现一种上升的趋势。这说明，当单位罚成本较高的时候，

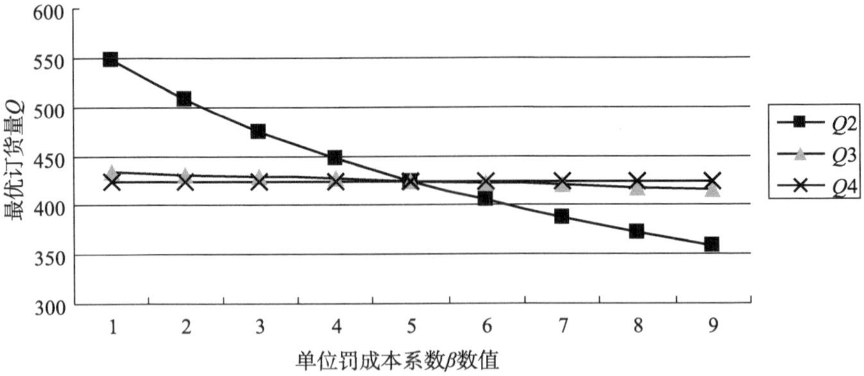

图 5-1 单位罚成本系数 β 与订货量 Q 之间的关系

随着碳交易价格上升，较多的经济订货量能够满足由于碳价上升所带来的成本增加的影响，更多地体现一种规模经济效益。当碳分配额较低的时候（低于 M_0），随着碳价的上升，企业存货成本会由于碳排放成本的增加而增加，而当碳分配额度较高的时候（高于 M_0），企业可能会对多出的碳分配额度进行交易，从而获得收益，因此，随着碳价的上升，其总成本呈现一种下降的趋势。当碳分配额度适当时（等于 M_0），总成本不受碳价的影响。

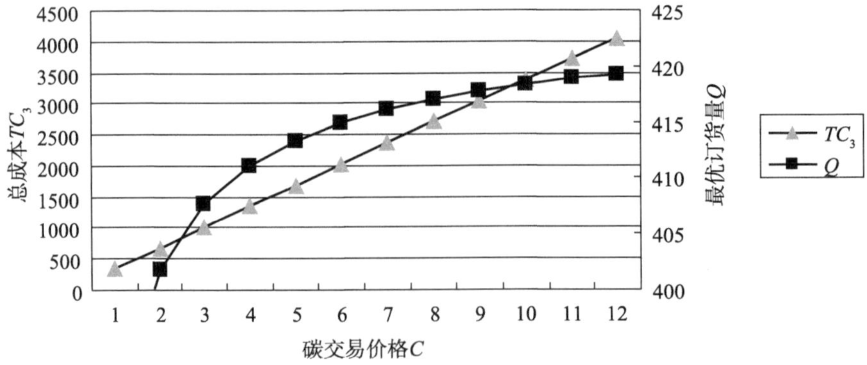

图 5-2 当 $\beta>\beta_0$，且 $M<M_0$ 时，总成本与经济订货量随碳交易价格 C 变动情况

从以上分析的结果可以看出，不同单位的罚成本系数 β 对于不考虑碳排放、考虑碳排放及碳排放最少三种情况下的经济订货量会产生一定程度的影响。但由于碳排放因素的加入，使经济订货量受单位罚成本系数的影响变得不太显著。当碳交易价格上升的时候，且单位罚成本系数高于一定数值时，经济订货量仍然呈现一种增加的趋势；而当碳排放额度较低的时候，随着碳价的上升，企业可以通过碳交易获取收益，使总体成本降低。

对于生产商而言，如何在提高经济效益和降低环境污染之间取得平衡，是亟须解决的问题之一。同样地，在采购成本控制中生产商也面临碳排放降低和总成本增加之间如何有效均衡的问题。通过本书经济订货量变化对碳排放成本及总成本影响的分析，针对单个供应商而言，可以帮助生产商找到在不同的经济环境下（碳排放额度变化、碳交易价格不同、惩罚成本变化等），通过经济订货量的调整，在碳排放成本和总成本之间找到恰当的平衡点，为生产商借助订货量调整实施与供应商之间协调提供相应的帮助和支持。

5.3 碳排放控制下多个供应商订货量分配问题

为避免只选定单个供应商而导致缺货时所带来的高风险问题，同时从多个供应商采购产品已经成为企业现实做法。供应商选择问题包括如何恰当选择满足生产商需求的合适的供应商以及在选定供应商间恰当分配订货量两个问题。借助供应商选择使包括碳排放成本在内的总成本最低，进而达到碳排放控制与经济效益均衡的目标，是企业能够健康、持续发展的重要战略之一。

影响供应商选择的因素众多，其中采购成本和产品质量是选择供应商时的两个首要考虑因素，但随着由极端天气频繁出现引发的对环境问题关注度的提高，碳排放已经成为选择供应商的另一要素。面对外部市场环境以及碳排放控制环境的持续变化，如市场需求量的变动、碳排放配额的变动、碳排放交易价格的变动等，进一步明晰在不同外部市场及碳排放控制环境下的供应商战略定位，强化与供应商的战略联盟，势必将为企业未来发展提供有力支持。

在多个供应商选择问题中将涉及定性及定量等不同数据，故在此问题解决中较常采用定性与定量相结合的方法。同时，应考虑包括碳排放因素在内的供应商选择因素之间相互作用的关系，由于人们对于问题判断所具有的模糊性特征，模糊网络分析法是解决多个供应商选择问题的有效办法，其可以有效解决人们判断的模糊性问题。

5.3.1 供应商要素模糊选择方法

供应商选择问题究其本质是在战略决策层面包含半结构化程序且多主体参与的决策问题，数学规划方法仍是解决此类问题的常用方法。由于 AHP 缺乏考虑供应商选择因素间的相互作用关系，且人们的判断时常具有某种倾向性和不确定性，故本书采用 FANP 分析影响供应商选择的要素，并与模糊多目标线性规划方法相结合，研究在各供应商间订货量分配问题。

1. 模糊偏好规划方法

模糊偏好规划方法（Fuzzy Preference Programming，FPP）主要用于解决可相互比较向量的次序问题。具体而言，如 $A=\{l_{ij},\ u_{ij}\}$ 表示由 n 个两两可相互比较的向量元素组成的矩阵，其中 l_{ij} 和 u_{ij} 分别表示具有不确定性比较结果的下界和上界，如果比较判断一致，那么

$$l_{ij} \leqslant \frac{w_i}{w_j} \leqslant u_{ij}, i=1,2,\cdots,n-1;\ j=1,2,\cdots,n;\ j>i \tag{5-12}$$

如果不等式（5-12）不能完全成立，则

$$l_{ij}\tilde{\leqslant}\frac{w_i}{w_j}\tilde{\leqslant}u_{ij},\ i=1,2,\cdots,n-1;\ j=1,2,\cdots,n;\ j>i \tag{5-13}$$

符号$\tilde{\leqslant}$表示模糊小于等于。由此，不等式（5-13）可转化为如公式（5-14）及公式（5-15）所示两个模糊约束条件，即

$$w_i-w_j u_{ij}\tilde{\leqslant}0 \tag{5-14}$$

$$w_i l_{ij}-w_i\tilde{\leqslant}0 \tag{5-15}$$

上述n（$n-1$）个模糊约束条件可采用如公式（5-16）所示的矩阵形式表示：

$$Rw\tilde{\leqslant}0 \tag{5-16}$$

其中，R为n行$n-1$列矩阵。

对于k行矩阵$RW(5)$，模糊约束条件公式（5-14）和公式(5-15)可以定义为如公式（5-17）的线性形式：

$$u_k\ (R_k w)\ =\begin{cases}1-\dfrac{R_k W}{d_k} & R_k W\leqslant d_k\\ 0 & R_k W\geqslant d_k\end{cases}$$

$$K=1,\ 2,\ \cdots,\ m \tag{5-17}$$

d_k表示对于不等式$Rw\leqslant 0$的近似满意程度可以接受的值，若$Rw\leqslant 0$完全不成立，则$u_k(R_k w)$等于0，若不等式$Rw\leqslant 0$基本成立，则$u_k(R_k w)$在0和1之间，若不等式$Rw\leqslant 0$完全成立，则$u_k(R_k w)$大于1。

为解决上述问题，提出两个假设，一是成员函数$Rw\tilde{\leqslant}0$这一模糊约束条件在$n-1$维可简化为：

$$Q_{n-1}=\left\{(w_1,\ w_2,\ \cdots,\ w_n)\middle|w_i>0,\ \sum_{i=1}^{n}w_i=1\right\} \tag{5-18}$$

此模糊可行域$\mathring{P}$在简化的Q_{n-1}模糊集，可由如公式（5-19）所示成员函数表示：

$$u_p^{\circ}(w)=[\min\{u_1(R_1w),\ \cdots,\ u_m(R_mw)\}\mid w\in Q^{n-1}] \quad (5-19)$$

另一假设是最优向量（w^*）为成员中最大值，即

$$u_p^{\circ}(w^*)=\max[\min\{u_1(R_1w),\ \cdots,\ u_m(R_mw)\}\mid w\in Q^{n-1}] \quad (5-20)$$

引入参数 λ，可将公式（5-20）的优化问题转化为如公式（5-21）所示的规划模型：

$$\text{Max } \lambda$$

$$\text{s. t.} \quad d_k\lambda+R_kw\leqslant d_k$$

$$\sum_{i=1}^{n} w_i=1,\ w_i>0,\ i=1,\ 2,\ \cdots,\ n;\ k=1,\ 2,\ \cdots,\ m \quad (5-21)$$

则可行解 w^* 表示在模糊可行域内的最大值，λ^* 表示抉择一致性，数值越大表示一致性越高。

2. 模糊网络分析法

ANP 是在 AHP 的基础上，考虑指标自身并比较指标之间重要度而形成的网络分析方法。本书指标之间比较关系的重要度按照 Saaty 等[93]提出的 9 级来划分，包括从 1 级的同等重要到 9 级的极其重要。FANP 是将 ANP 与 FPP 有机结合且用于解决模糊优化问题的一种方法，采用 FANP 解决具体问题的过程包括以下四个步骤：第一步，通过对比各指标确定其相应模糊等级，然后建立各指标之间比较重要度的等级矩阵，其中，指标 i 与指标 j 之间的比较值 a_{ij} 与指标 j 与指标 i 之间的比较值 a_{ji} 互为倒数，即 $a_{ij}\times a_{ji}=1$；第二步，按照 FPP 方法将上述矩阵转化为相应的无权值超级矩阵；第三步，将无权值超级矩阵中各元素与其所在列各元素之和相比得到归一化的有权值超级矩阵；第四步，将有权值超级矩阵进行自乘直至矩阵每一行中的单元数值均相同，并将此矩阵再次进行归一化处理，每一行数值即为各要素的相应权值。

5.3.2 模型构建与求解

1. 模糊环境下订货量分配模型构建

模糊环境下订货量分配模型主要研究模糊环境下在选定供应商之间的订货量分配问题。具体而言，本书研究在总需求量、供应商生产能力、供应商资金、总碳排放量等模糊约束条件下，达到最小购货成本、最少退货量、最少延迟交货量、最小碳排放量四个模糊目标时，在选定供应商间订货量的分配并进而分析战略供应商的选择问题。由此，构建如下包含四个目标函数及四个约束条件的线性模糊多目标订货量分配模型：

决策变量：

X_i——第 i 个供应商的订货量

参数：

C_i——第 i 个供应商的单位产品价格；

Q_i——第 i 个供应商的退货比率；

L_i——第 i 个供应商的延迟交货比率；

CE_i——第 i 个供应商的单位产品碳排放量；

D——需采购的总货物量；

U_i——第 i 个供应商的生产能力；

TCE——碳排放分配额度；

B_i——第 i 个供应商的最大资金；

$$\text{Min } \widetilde{Z_1} = \sum_{i=1}^{n} \widetilde{C_i}X_i \quad \text{（购货成本）}$$

$$\widetilde{Z_2} = \sum_{i=1}^{n} \widetilde{Q_i}X_i \quad \text{（退货数量）}$$

$$\widetilde{Z_3} = \sum_{i=1}^{n} \widetilde{L_i}X_i \quad \text{（延迟交货时间）}$$

$\widetilde{Z_4} = \sum_{i=1}^{n} \widetilde{CE_i} X_i$ （碳排放量）

$\text{Max}\ \widetilde{Z_5} = \sum_{i=1}^{n} \widetilde{W_i} X_i$ （订货数量）

Subject to

$g_1(x) = \sum_{i=1}^{n} X_i \ \tilde{=}\ D$ （需求量约束）

$g_2(x) = \sum_{i=1}^{n} CE_i X_i \ \tilde{\leqslant}\ TCE$ （碳排放量约束）

$g_3(x) = X_i \leqslant U_i$ （供应商生产能力约束）

$g_4(x) = C_i X_i \leqslant B_i$ （供应商资金能力约束）

$X_i \geqslant 0$ 且均为整数

其中，“～”表示模糊关系，Z_r 表示第 r 个目标函数，$r=1, 2, 3, 4$；$g_i(x)$ 表示第 i 个约束条件，$i=1, 2, 3, 4$。

2. 求解方法

两阶段模型算法是解决 3.1 中关于模糊环境下订货量分配最优化问题的有效方法。具体算法如下：

第一阶段

$\text{Max}\lambda$

Subject to

$\lambda \leqslant \mu Z_r^{\min}(x)$ （最小化目标函数）

$\lambda \leqslant \mu Z_r^{\max}(x)$ （最大化目标函数）

$g_p(x) \leqslant b_p$ （确定约束条件）

$X_i \geqslant 0,\ i=1, 2, \cdots, n$

其中，$\mu Z_r^{\min}(x)$ 及 $\mu Z_r^{\max}(x)$ 分别代表模糊最小目标函数和模糊最大目标函数，b_p 代表第 p 个确定约束条件，则基于满意度的成员函数是如下的线性函数：

$$\mu Z_r^{\min}(x)=\begin{cases}1 & Z_r>Z_r^+\\ \dfrac{Z_r^+-Z_r(x)}{Z_r^+-Z_r^-} & Z_r^-\leqslant Z_r(x)\leqslant Z_r^+\\ 0 & Z_r<Z_r^-\end{cases}$$

$$\mu Z_r^{\max}(x)=\begin{cases}1 & Z_r>Z_r\\ \dfrac{Z_r(x)-Z_r^-}{Z_r^+-Z_r^-} & Z_r^-\leqslant Z_r(x)\leqslant Z_r^+\\ 0 & Z_r<Z_r^-\end{cases}$$

第二阶段

$$\mathrm{Max}\bar{\lambda}=\frac{1}{r}\sum_{t=1}^{r}\lambda_t$$

Subject to

$$\lambda\leqslant\bar{\lambda}\leqslant\mu Z_r^{\min}(x)$$

$$g_p(x)\leqslant b_p$$

$$X_i\geqslant 0,\ i=1,\ 2,\ \cdots,\ n$$

$$0\leqslant\lambda,\ \bar{\lambda}\leqslant 1$$

目标函数从下界 Z_r^- 到上界 Z_r^+。

5.3.3 算例分析

随着政府对环境污染问题的日益关注以及公众环保意识的增强，企业在激烈的市场竞争环境中，不仅面对来自环境保护法规的压力，而且面临如何有效履行其社会责任的问题。汽车工业作为我国的支柱产业，也是碳排放较大的产业之一。在汽车生产的供应链环节中，有效减少来自汽车配件供应商的碳排放，是最终降低汽车产品碳排放的有效途径。2013 年，我国在北京、上海等省市试点实施碳排放交易，本书以上海某汽车公司为例，分析基于碳排放交易机制，在考虑碳排放约束的模糊环境下其供应商选择以及最佳订货量的分配，进而研究如何在此背景下确定其战略供应商。

1. 确定各供应商的订货量比例

（1）供应商选择因素的重要度

针对供应商选择问题，主要研究产品成本、质量、交货期以及碳排放四个供应商选择因素，通过分析这四个因素之间的关系，借助对采购、运营经理及相关专家的调查，得出四个供应商因素间相互比较的模糊配对数值，如表 5-2 所示。

表 5-2 各因素模糊配对比较值

因素	成本	质量	交货期	碳排放
成本	(1，1，1)	(1，1.35，2.56)	(1，1.68，2.96)	(1，1.48，2.76)
质量	(0.39，0.74，1)	(1，1，1)	(1，2，3)	(1，1.5，2)
交货期	(0.34，0.60，1)	(0.33，0.5，1)	(1，1，1)	(0.5，1，2)
碳排放	(0.36，0.68，1)	(0.5，0.67，1)	(0.5，1，2)	(1，1，1)

依据 FANP 找出在供应商选择中四个指标的相对重要程度。首先，根据表 5-2 中的指标之间的相互关系，计算出无权值的超级矩阵。分别以成本、质量、交货期以及碳排放等为控制变量求解，其中各 λ 值均在 0 和 1 之间，表示一致性均较好。具体无权值超级矩阵如表 5-3 所示。

表 5-3 选择因素无权值超级矩阵

因素	成本	质量	交货期	碳排放
成本	0	0.445	0.425	0.437
质量	0.458	0	0.334	0.353
交货期	0.256	0.273	0	0.210
碳排放	0.286	0.283	0.241	0

其次，将表 5-3 通过自乘的方式，使处于每一行单元中的数值相

同，进而得到极限超级矩阵，如表5-4所示。

最后，由于表5-4中每一列单元中的数值之和为1.005，大约为1，因此，极限超级矩阵进行归一化后得到与表5-4基本相同的加权极限超级矩阵。

表5-4　选择因素（加权）极限超级矩阵

因素	成本	质量	交货期	碳排放
成本	0.305	0.305	0.305	0.305
质量	0.283	0.283	0.283	0.283
交货期	0.201	0.201	0.201	0.201
碳排放	0.216	0.216	0.216	0.216

由表5-4中数值可以看出，成本>质量>碳排放>交货期，由此得出，选择供应商的四个因素中，成本是首要考虑的因素，其次是产品质量及碳排放，最后是交货期。由此可见，随着公众环境保护意识的增强以及对绿色环保产品的青睐，碳排放作为选择供应商指标的重要性正日益凸显出来。

（2）各供应商的重要度

与确定供应商选择要素重要度方法相一致，依据表5-5所示的各供应商模糊配对比较值，计算得出表5-6所示的无权值超级矩阵，进而得出表5-7所示的供应商极限超级矩阵。

表5-5　供应商模糊配对比较值

供应商	S_a	S_b	S_c	S_d
S_a	(1，1，1)	(1，1.65，2.76)	(1，1.38，2.45)	(1，1.55，2.81)
S_b	(0.36，0.61，1)	(1，1，1)	(1，3，4)	(1，2，3)
S_c	(0.41，0.73，1)	(0.25，0.33，1)	(1，1，1)	(0.5，2，4)
S_d	(0.36，0.66，1)	(0.33，0.5，1)	(0.25，0.5，2)	(1，1，1)

表 5-6　供应商无权值超级矩阵

供应商	S_a	S_b	S_c	S_d
S_a	0	0. 433	0. 453	0. 435
S_b	0. 517	0	0. 333	0. 355
S_c	0. 283	0. 343	0	0. 209
S_d	0. 200	0. 223	0. 214	0

表 5-7　供应商（加权）极限超级矩阵

供应商	S_a	S_b	S_c	S_d
S_a	0. 303	0. 303	0. 303	0. 303
S_b	0. 293	0. 293	0. 293	0. 293
S_c	0. 223	0. 223	0. 223	0. 223
S_d	0. 174	0. 174	0. 174	0. 174

（2）各供应商订货量比例

在上述计算的基础上，分析确定各供应商的订货系数。

表 5-8　订货系数无权值超级矩阵

供应商	S_a	S_b	S_c	S_d	成本	质量	交货期	碳排放
S_a	0	0	0	0	0. 303	0. 303	0. 303	0. 303
S_b	0	0	0	0	0. 293	0. 293	0. 293	0. 293
S_c	0	0	0	0	0. 223	0. 223	0. 223	0. 223
S_d	0	0	0	0	0. 174	0. 174	0. 174	0. 174
成本	0. 305	0. 305	0. 305	0. 305	0	0	0	0
质量	0. 283	0. 283	0. 283	0. 283	0	0	0	0
交货期	0. 201	0. 201	0. 201	0. 201	0	0	0	0
碳排放	0. 216	0. 216	0. 216	0. 216	0	0	0	0

将表 5-8 通过自乘方式，得到如表 5-9 所示的各供应商所占订货比例的加权极限超级矩阵。

表 5-9 订货系数（加权）极限超级矩阵

供应商	S_a	S_b	S_c	S_d	成本	质量	交货期	碳排放
S_a	0. 305	0. 305	0. 305	0. 305	0	0	0	0
S_b	0. 294	0. 294	0. 294	0. 294	0	0	0	0
S_c	0. 224	0. 224	0. 224	0. 224	0	0	0	0
S_d	0. 161	0. 161	0. 161	0. 161	0	0	0	0
成本	0	0	0	0	0. 303	0. 303	0. 303	0. 303
质量	0	0	0	0	0. 281	0. 281	0. 281	0. 281
交货期	0	0	0	0	0. 200	0. 200	0. 200	0. 200
碳排放	0	0	0	0	0. 214	0. 214	0. 214	0. 214

2. 各供应商的订货量

本书将上海某汽车公司的四个供应商（S_a、S_b、S_c、S_d）作为研究对象，四个供应商的基本信息如表 5-10 所示。假定对于四个供应商的总体需求是一模糊数值，基本需求为 6000，其变化范围为 5980~6015。在本实例中最大的碳排放数值为 15000。

表 5-10 各供应商信息

指标	S_a	S_b	S_c	S_d
单价（千元）	11	15	9	5
退货率	0. 04	0. 02	0. 02	0. 05
延迟交货比率	0. 02	0. 01	0. 06	0. 03
单位产品碳排放（公斤）	2. 4	2. 9	2. 1	2. 7
生产能力	1500	2310	1900	1100
资金（万元）	120000	180000	150000	100000

根据 3. 1 节订货量模型，可以得到如公式（5-22）所示的优化模型：

$$\text{Min } Z_1 \widetilde{=} 11x_1+15x_2+9x_3+5x_4$$

$$\text{Min } Z_2 \widetilde{=} 0.04x_1+0.02x_2+0.02x_3+0.05x_4$$

$\text{Min } Z_3 \widetilde{=} 0.02x_1+0.01x_2+0.06x_3+0.03x_4$

$\text{Min } Z_4 \widetilde{=} 2.4x_1+2.9x_2+2.1x_3+2.7x_4$

$\text{Max } Z_5 \widetilde{=} 0.305x_1+0.294x2+0.224x3+0.161x_4$

Subject to

$x_1+x_2+x_3+x_4 \widetilde{=} 6000$

$x_1 \leqslant 1500$

$x_2 \leqslant 2310$

$x_3 \leqslant 1900$

$x_4 \leqslant 1100$

$2.4x_1+2.9x_2+2.1x_3+2.7x_4 \leqslant 15000$

$11x_1 \leqslant 120000$

$15x_2 \leqslant 180000$

$9x_3 \leqslant 150000$

$5x_4 \leqslant 100000$

$x_1 \geqslant 0$；$x_2 \geqslant 0$；$x_3 \geqslant 0$；$x_4 \geqslant 0$，且均为整数　　（5-22）

对公式（5-22）求解，得到如表 5-11 所示的成员函数的数值。

表 5-11　成员函数数据

序列号	目标函数	$\mu=0$（$\text{Min}Z^-$）	$\mu=1$	$\mu=0$（$\text{Max}Z^+$）
1	Z_1	—	61600	66100
2	Z_2	—	169.5	183
3	Z_3	—	183	192
4	Z_4	—	14910	15000
5	Z_5	1499	1561	—
6	需求	5980	6000	6015

按照两阶段模型算法进行求解，如下所示：

第一阶段

$\text{Max}\lambda$

$$\text{s. t. } \lambda \leqslant \frac{66100-(11x_1+15x_2+9x_3+5x_4)}{4500}$$

$$\lambda \leqslant \frac{183-(0.04x_1+0.02x_2+0.02x_3+0.05x_4)}{13.5}$$

$$\lambda \leqslant \frac{192-(0.02x_1+0.01x_2+0.06x_3+0.03x_4)}{9}$$

$$\lambda \leqslant \frac{15000-(2.4x_1+2.9x_2+2.1x_3+2.7x_4)}{90}$$

$$\lambda \leqslant \frac{(0.305x_1+0.294x_2+0.224x_3+0.161x_4)-1499}{62}$$

$$\lambda \leqslant \frac{6015-(x_1+x_2+x_3+x_4)}{15}$$

$$\lambda \leqslant \frac{(x_1+x_2+x_3+x_4)-5980}{20}$$

$x_1 \leqslant 1500$

$x_2 \leqslant 2310$

$x_3 \leqslant 1900$

$x_4 \leqslant 1100$

$2.4x_1+2.9x_2+2.1x_3+2.7x_4 \leqslant 15000$

$11x_1 \leqslant 120000$

$15x_2 \leqslant 180000$

$9x_3 \leqslant 150000$

$5x_4 \leqslant 100000$

$x_1 \geqslant 0$；$x_2 \geqslant 0$；$x_3 \geqslant 0$；$x_4 \geqslant 0$，且均为整数

$\lambda \in [0, 1]$

第二阶段

$$\text{Max } \bar{\lambda}=\frac{\lambda_1+\lambda_2+\lambda_3+\lambda_4+\lambda_5+\lambda_6}{6}$$

$$\text{s. t. } \lambda \leqslant \lambda_1 \leqslant \frac{66100-(11x_1+15x_2+9x_3+5x_4)}{4500}$$

$$\lambda \leqslant \lambda_2 \leqslant \frac{183-(0.04x_1+0.02x_2+0.02x_3+0.05x_4)}{13.5}$$

$$\lambda \leqslant \lambda_3 \leqslant \frac{192-(0.02x_1+0.01x_2+0.06x_3+0.03x_4)}{9}$$

$$\lambda \leqslant \lambda_4 \leqslant \frac{15000-(2.4x_1+2.9x_2+2.1x_3+2.7x_4)}{90}$$

$$\lambda \leqslant \lambda_5 \leqslant \frac{(0.305x_1+0.294x_2+0.224x_3+0.161x_4)-1499}{62}$$

$$\lambda \leqslant \lambda_6 \leqslant \frac{6015-(x_1+x_2+x_3+x_4)}{15}$$

$$\lambda \leqslant \lambda_6 \leqslant \frac{(x_1+x_2+x_3+x_4)-5980}{20}$$

$x_1 \leqslant 1500$

$x_2 \leqslant 2310$

$x_3 \leqslant 1900$

$x_4 \leqslant 1100$

$2.4x_1+2.9x_2+2.1x_3+2.7x_4 \leqslant 15000$

$11x_1 \leqslant 120000$

$15x_2 \leqslant 180000$

$9x_3 \leqslant 150000$

$5x_4 \leqslant 100000$

$x_1 \geqslant 0$；$x_2 \geqslant 0$；$x_3 \geqslant 0$；$x_4 \geqslant 0$，且均为整数

$\lambda \in [0, 1]$

由此可以得到，$\lambda=0.614$，四个供应商的订货量分别为 $x_1=1500$，$x_2=1944$，$x_3=1900$，$x_4=636$。

3. 供应商选择分析

当市场需求发生变动时，供应商选择及订货量分配如表 5-12 所示。通过对表 5-12 的分析可以发现：一是市场需求量为 6000 左右时是订货量的最大值，当市场需求量小于 6000 时，订货量随着市场需求量的下降而呈现逐步减少的趋势，反之，订货量无法求出最优解；二是随着市场需求量的减少，S_a 的订货量 X_1 并没有变化，S_b、S_c 和 S_d 的订货号 X_2、X_3、X_4 则波动较大，尤其是 S_c 在市场需求量降低时，其订货量 X_3 反而会增加，S_d 的订货量 X_4 则随市场需求量的减少逐步呈现先减少再增加的趋势。

表 5-12　市场需求量变动时的订货量

市场需求量	5980~6015	5885~5910	5790~5815	5690~5715	5585~5615
X_1	1500	1500	1500	1500	1500
X_2	1944	2310	2310	2310	2310
X_3	1900	1900	1187.5	799.8	705
X_4	636	190	792.5	1100	1115
总订货量	5980	5900	5790	5709.8	5630

当碳排放配额变动时，供应商选择及订货量分配如表 5-13 所示。通过对表 5-13 结果的分析可以发现：一是随着碳排放配额的降低，总体订货量下降并不明显，而 15000 是碳排放配额的拐点。当碳排放配额高于 15000 时，总体订货量维持在 5979.3，没有出现上升趋势，反之，则随着碳排放配额的下降，总订货量在减少；二是随着碳排放配额的减少，S_a 和 S_c 的订货量并没有变化，而随着碳排放配额的降低，S_b 的订货量在逐步减少，而 S_d 的订货量则在逐步增加。

表 5-13 碳排放配额变动时的订货量

碳排放配额	15300	15200	15100	15000	14900
X_1	1500	1500	1500	1500	1500
X_2	1943	1943	1943	1943	1720
X_3	1900	1900	1900	1900	1900
X_4	636. 3	636. 3	636. 3	636. 3	860
总订货量	5979. 3	5979. 3	5979. 3	5979. 3	5980

综合表 5-12 及表 5-13 的结果可以得出如下结论：一是针对不同供应商的战略定位不尽相同，S_a、S_c 理应成为战略供应商，因为这两个供应商的订货量较少受到市场需求及碳排放配额等外部因素的影响，故应强化与这两个供应商的战略联盟，而 S_b 和 S_d 则属于一般供应商，应注重与这两个供应商的信息沟通；二是针对不同市场预期，适时关注 S_b 和 S_d，尤其是当市场需求量下降时，S_b 和 S_d 应成为重点；三是面对未来国家针对碳排放出台的相关措施，以及有可能出现的碳排放配额减少，除保持与 S_a 及 S_c 的联盟外，应加强与 S_d 供应商的联系，因其将逐步成为碳排放配额紧缩下的主要供应商之一。

由此得到的启示主要包括以下三个方面：一是在与供应商关系处理过程中，生产商应依据供应商的不同地位，恰当制定与供应商之间关系策略，强化与战略供应商之间的联系，确保企业承受较低的原材料供应风险；二是面对不同的市场预期及国家碳排放控制政策出台，应区别对待不同供应商，使企业避免遭受外部环境变化所带来的负面影响；三是随着市场需求及碳排放配额的变动，对于多个供应商而言，企业可以通过在不同供应商之间分配订货量的方法，达到总成本较低，同时也满足碳排放配额的要求，进而取得在经济效益和碳排放控制之间的均衡。

5.4 本章小结

本章融合碳排放因素研究包括单个供应商及多个供应商的订货量分配问题。对于单个供应商而言，在考虑交通运输碳排放的因素下，研究找到通过订货量调整达到包括碳排放成本在内的总购货成本最低的途径，并分析碳排放配额、碳排放交易价格变动时如何借助订货量的调整使碳排放成本与经济效益之间保持均衡，进而达到碳排放与经济效益均衡的目标。对于多个供应商而言，构建考虑碳排放因素的多个供应商选择及订货量分配模型，采用模糊网络分析法，研究如何通过订货量在不同供应商之间的分配，达到有效控制碳排放且不降低经济效益等多个目标。研究表明，可以通过在不同供应商之间订货量的分配，达到既满足碳排放配额的要求，同时总成本也较低的双赢目标。

第 6 章

碳排放控制下的两级供应链协调途径

第 5 章更多是从生产商的角度来分析如何恰当选择供应商，进而借助订货量调整达到购货成本最小的单目标，或购货成本及碳排放等均最小的多目标。生产商与供应商之间不仅存在单纯的生产商选择供应商或供应商选择生产商问题，从供应链角度出发，在选定供应商或生产商的基础上，两者之间也存在相互协调的问题。本章将在第 5 章的基础上，研究生产商与选定的供应商之间协调的必要性以及如何强化协调，进而达到在不降低双方利润的前提下有效控制碳排放，从而实现双赢的目标。

6.1 供应链协调途径分析

供应链协调是供应链管理领域的重要问题之一，有效协调供应链成员行为，可以达到在供应链整体利益和供应链成员利益之间保持均衡。针对供应链协调途径问题的研究，主要包含以下几方面内容：

一是基于多级供应链的供应链协调问题研究。针对供应链协调问题，首先需要明确具体针对几级供应链问题研究。目前研究多数基于两级供应链问题展开，即针对由生产商和销售商的两级供应链问题展开，但也有研究将其扩充至包括供应商在内的三级供应链协调问题。随着供应链链条的不断增加，供应链成员之间关系也会变得越发复杂。但就其本质而言，两级供应链仍是研究供应链协调问题的基础，在此基础上，进而扩充至三级或三级以上供应链协调问题。其次，更多体现为“一对一”或“一对多”的研究。具体研究中表现为单个生产商针对单个或多个销售商，单个或多个生产商针对单个销售商等问题的研究。鉴于“多对多”问题的复杂性，各种因素之间会交叉相互影响，反而难以发现问题的实质，因此，目前较少研究“多对多”的问题，如多个供应商与多个生产商之间协调关系的研究。此种背景为具体研究供应链协调路径奠定了基础。

二是以渠道协调为主的供应链协调途径分析。供应链协调具体包括协调内容、协调方式、协调后果等多方面内容。目前，对于供应链协调途径问题的研究更多是基于渠道协调问题展开。在供应链渠道协调问题中，如何有效解决双重边际化效应问题，是供应链渠道协调中的主要问题之一。供应链协调还包括供应链协调内容和后果。随着全球气候变暖问题的日益严重，碳排放已经融入供应链协调问题研究中。针对碳排放控制下的供应链协调问题而言，供应链成员协调的后果体现为是有效控制碳排放还是保证经济效益的最大化。同时，在经济效益最大化过程中如何在追求供应链整体利润的最大化时，保证供应链成员的经济效益不受影响，也是值得研究的问题之一。

三是基于供应链契约的供应链协调问题研究。供应链成员间协调更多是依靠供应链成员间契约的签订来实现，恰当的供应链契约可以在保证供应链整体利益最大化的同时，使供应链成员也相应获得收益。在供应链契约的签订过程中，应具体结合供应链成员在供应链中所处地位、供应链内外部环境变化、供应链所要达到的目标等，采用不同的供应链契约，进而有效实现供应链的最终目标。

6.2 基于收益共享契约的供应链协调

供应链契约是实现供应链协调的主要手段，在选定供应商的基础上，借助供应链契约进行供应链协调是碳排放控制下进行供应链协调的有效途径。收益共享契约、回购契约、数量折扣契约、弹性数量契约等是有效实施供应链协调的几种常见契约。由于本书探讨生产商与供应商而非生产商与经销商间的契约，供应商不回购生产商的最终产品，故回购契约不适用于本书的研究。书中供应商的批发价不随生产商的订货量发生变动，且供应商以销定产，没有对其产量上限及生产商订货量下限的要求，因此，本书未从数量折扣契约及弹性数量契约视角展开研究。Dong 等[189]的研究也证实了收益共享契约更适用于考虑碳排放因素的供应链问题。鉴于此，本书主要基于收益共享契约分析供应链协调问题。

6.2.1 问题描述

本书研究由单个供应商和单个生产商组成的两级供应链，生产商及供应商均无产能限制且最终产成品为报童型产品的供应链协调问题。面对需求不确定的市场，生产商决定其单一产成品的生产量为 q，并从供应商处订购相同数量的半成品，经过加工后以固定价格 p 卖出，产成品售价 p 由外部市场决定。单位产品加工成本为 C_p，市场对最终产成品的需求为 D，其服从均值为 μ_0 和方差为 σ^2 的正态分布，密度函数及分布函数分别为 $f(\mu_0, \sigma^2)$ 和 $F(\mu_0, \sigma^2)$，标准正态分布函数的密度函数及分布函数分别为 $\varphi(0, 1)$ 和 $\Phi(0, 1)$。生产商的单位库存成本为 h，单位缺货的罚成本为 s。供应商加工半成品的单位成本为 C_s，卖给生产商的单位半成品售价为 w，供应商的减排投入为 m。庞晶等[190]的研究表明鼓励低碳产品技术研发可以促进低碳消费发展，因此，供应商的减排技术投入金额越大，半成品以及产成品的碳排放平均越低，市场对于此产品的需求越大。由于碳排放减少导致市场对产成品的需求增加为 αm，其中 α 是减少单位半成品的碳排放的投入额所导致的产成品需求增加额，即供应商投入资金用于减排，使产品碳排放降低，导致市场对产成品的需求增大为 αm。可根据具体实际情况对产成品增加函数 αm 进行调整，这并不影响本书对此问题的实质性研究。此时，市场需求 D_c 服从均值为 μ_c 和方差为 σ^2 的正态分布，其密度函数及概率分布函数分别为 f（μ_c，σ^2）和 F（μ_c，σ^2），标准正态分布的密度函数及分布函数分别为 φ（0，1）和 Φ（0，1），其中 $\mu_c=\mu_0+\alpha m$。供应商采取以销定产的方式，其收入取决于生产商的订货量，生产商的订货量即为其生产量，因此，不考虑供应商库存成本及缺货引发的罚成本。本书主要研究在联合决策时生产商的最优订货量（供应商的生产量）以及在分散决策条件下如何通过收益共享契约在供应商和生产商利润均不减少时，有效减少产品的碳排放。

6.2.2 联合决策时的最优生产量

在联合决策条件下，供应商和生产商可以视为隶属于同一公司的决策，目标是供应链系统利润（以下无特殊说明利润均指期望利润）的最大化，且不考虑利润在供应商和生产商之间的分配。

1. 利润最大时的生产量

当供应商投入 m 进行减排时，面对市场需求 D_c，生产商以价格 p 出售产成品，其成本包括生产商的加工成本 C_p 和供应商的加工成本 C_s 以及减排的投入 m。此时，供应链利润 π_c 为：

$$\pi_c=pE[\min(q,D_c)]-h(q-D_c)^+-s(D_c-q)^+-qC_p-qC_s-qm \quad (6-1)$$

其中，$(x)^+=\max\{0, x\}$。作为经典报童问题，由于 π_c 是经典报童问题模型的变形，故此函数为凸函数，在定义域内存在极小值点。通过$\frac{d\pi_c}{dq}=0$可求出公式（6-1）在获得最大利润π^*时的最优生产量q^*，即

$$q^*=\mu_c+\sigma\Phi^{-1}\left(\frac{p+s-c_p-c_s-m}{p+h+s}\right) \tag{6-2}$$

2. 最小碳排放时的生产量

随着我国节能减排相关政策的陆续出台，特别是国家针对碳排放总量进行控制，企业面临如何有效减排的问题。大量增加碳排放不仅使企业可能面临遭受国家惩罚的问题，同时，碳排放交易平台也会大幅增加企业的成本，因此，企业在追求利润最大化的同时，如何有效降低碳排放已经成为企业的重要战略之一。

若供应商不进行减排投入，此时供应链利润$\hat{\pi}$为：

$$\hat{\pi}=pE[(\min(q,D)]-h(q-D)^+-s(D-q)^+-qC_p-qC_s \tag{6-3}$$

只有在供应商进行减排投入时的供应链利润不小于不进行减排时的供应链利润的条件下，即$\pi_c\geqslant\hat{\pi}$时，供应商才有动力进行减排投入，否则，供应商会因为减排对利润所产生负面影响而缺乏减排的动力，故在此条件下计算最大减排投入也才有意义。因此，$\hat{\pi}$最大取值为π_c，最小也不能低于由公式（6-3）所求出的供应链利润。供应商减排动力的增加，将有助于最终产品碳排放减少。对于供应商而言，其减排投入越大，对碳排放的控制越有效，从而导致产品碳排放越小，因此，当m最大时，产品碳排放最小。故求解产品碳排放最小问题，转化为如下优化问题：

$$\begin{aligned}&\text{Max } m\\&\text{s.t. } \pi_c\geqslant\hat{\pi}\\&q>0\\&m>0\end{aligned} \tag{6-4}$$

针对公式（6-4）采用拉格朗日优化方法对其求解。首先构造如下所示的拉格朗日函数：

$$L=am+\lambda_1(\pi_c-\hat{\pi})+\lambda_2 m+\lambda_3 q \tag{6-5}$$

然后依据拉格朗日优化方法求解以下方程组：

$$\frac{dL}{dm}\leqslant 0,\ m\geqslant 0,\ m\frac{dL}{dm}=0$$

$$\frac{dL}{dq}\leqslant 0,\ q\geqslant 0,\ q\frac{dL}{dq}=0$$

$$\frac{dL}{d\lambda_1}=\pi_c-\hat{\pi}\geqslant 0,\ \lambda_1\geqslant 0,\ \lambda_1\frac{dL}{d\lambda_1}=0$$

$$\frac{dL}{d\lambda_2}=m\geqslant 0,\ \lambda_2\geqslant 0,\ \lambda_2\frac{dL}{d\lambda_2}=\lambda_2 m=0$$

$$\frac{dL}{d\lambda_3}=q\geqslant 0,\ \lambda_3\geqslant 0,\ \lambda_3\frac{dL}{d\lambda_3}=\lambda_3 q=0 \tag{6-6}$$

一般情况下，q 和 m 均不为 0，故 $\lambda_2=\lambda_3=0$，进而由$\frac{dL}{dq}=\lambda_1\frac{d\pi_c}{dq}=0$，得到$\frac{d\pi_c}{dq}=0$。由此可以看出，碳排放最小的最优解 q_c^* 与公式（6-2）的利润最大时的 q^* 相同。

6.2.3 分散决策时的最优生产量及利润共享比例

在分散决策条件下，生产商和供应商分别单独做出决策，各自追求自身利润的最大化。生产商根据外部不确定市场需求决定自己的生产量，以使自身利润最大化，同时向供应商订购同样数量的半成品。生产商面临是否采用收益共享契约的决策，即是否分配利润给供应商，而供应商则面临是否减排的问题。若未采用收益共享契约，则生产商不再分配利润给供应商，虽然生产商的利润不会因此减少，但也不能产生因为供应商减排所带来的利润增加的效益。若采用收益共享契约，生产商通过分配给供应商的利润比例的调整，达到激励供应商减排，进而通过提高最终产成品的销售量，增加各自利润的目的。

1. 生产商未采用收益共享契约

在分散决策的条件下，减排导致产成品销售增加的超额利润若均归生产商所有，即生产商未分配利润给供应商，则供应商减排会影响自身的利润，从而导致供应商缺乏减排的动力。此时，供应商的利润 π_s 以及生产商的利润 π_p 及供应链系统利润 π' 分别为：

$$\pi_s = qw - qc_s \tag{6-7}$$

$$\pi_p = pE[\min(q,D)] - h(q-D)^+ - s(D-q)^+ - qc_p - qw \tag{6-8}$$

$$\pi' = pE[\min(q,D)] - h(q-D)^+ - s(D-q)^+ - qc_p - qc_s \tag{6-9}$$

生产商面对市场需求的变化，其最优生产量 q_p^* 为公式（6-8）利润最大时的生产量，即供应商的订货量。此时，q_p^* 如公式（6-10）所示：

$$q_p^* = \mu_0 + \sigma \Phi^{-1}\left(\frac{p+s-c_p-w}{p+h+s}\right) \tag{6-10}$$

2. 生产商采用收益共享契约

使供应商减排，进而通过提高最终产品的销量，增加各自利润。生产商与供应商签订利润分享契约，生产商将所售产品部分利润分给供应商，以鼓励供应商减排。在收益共享契约下，若经过双方协商，生产商分配给供应商的利润比例为 θ，则供应商留存利润比例为 $1-\theta$。此时，供应商的利润 $\tilde{\pi}_s$ 和生产商的利润 $\tilde{\pi}_p$ 分别如公式（6-11）和公式（6-12）所示：

$$\tilde{\pi}_s = \theta[pE(\min(q,D_c) - h(q-D_c)^+ - s(D_c-q)^+)] + qw - qm - qc_s \tag{6-11}$$

$$\tilde{\pi}_p=(1-\theta)[pE(\min(q,D_c)-h(q-D_c)^+-s(D_c-q)^+)]-qc_p-qw \tag{6-12}$$

利润共享前提下的供应商利润应不低于不分配利润时的利润，此时，供应商才有减排的动力。同时，生产商利润也应不低于不分配利润时的利润，这样才能达到各自利润不减少且产品碳排放减少的双赢目的，即此时应满足如下公式（6-13）及公式（6-14）两个条件：

$$\tilde{\pi}_s \geqslant \pi_s \tag{6-13}$$

$$\tilde{\pi}_p \geqslant \pi_p \tag{6-14}$$

生产商面对市场需求，其利润最大化时的生产量 $\tilde{q}$ 可由$\frac{d\tilde{\pi}_p}{dq}=0$ 求出，即

$$\tilde{q}=\mu_c+\sigma\Phi^{-1}\left[\frac{(1-\theta)(p+s)-c_p-w}{(1-\theta)(p+h+s)}\right] \tag{6-15}$$

3. 生产商利润分配比例 θ 取值范围

对于收益共享契约，在供应商和生产商之间的分配比例是双方协调的结果，这受双方议价能力、双方在供应链中所处地位、行业特征等多种因素的影响。虽然在分散决策条件下，生产商可以随意确定自己产量，但是生产商的最优生产量 $\tilde{q}$ 与公式（6-2）求出的联合决策时最优生产量 q^* 相等时，可以在保证生产商利润的同时也达到供应链利润最大及碳排放最小。此时，求解出供应商的半成品售价 w 如公式(6-16)所示：

$$w=(1-\theta)(c_s+m)-\theta c_p \tag{6-16}$$

由公式（6-13）和公式（6-14）可以分别求出 θ 范围为：

$$\theta \geqslant \frac{\pi_s-q^*(w-m-c_s)}{pE[\min(q,D_c)]-h(q-D_c)^+-s(D_c-q)^+} \tag{6-17}$$

$$\theta \leqslant 1-\frac{\pi_p+q^*c_p+q^*w}{pE[\min(q,D_c)]-h(q-D_c)^+-s(D_c-q)^+} \quad (6-18)$$

由 $w \geqslant 0$ 及公式（6-16）可以得到：

$$\theta \leqslant \frac{c_s+m}{c_s+c_p+m} \quad (6-19)$$

6.2.4 数值分析

为便于展开对问题的具体分析，给定各参数的相关数值如下：$p=40$，$h=5$，$s=5$，$\mu=300$，$\sigma=15$，$\alpha=20$，$w=15$，$C_p=7$，$C_s=2$，并使用 Matlab 软件对优化问题求解。

1. 联合决策时的最优生产量、减排投入及利润

当追求供应链系统利润最大时，由公式（6-1）可以求出生产商最优生产量 $q^*=510$，供应商最优减排投入 $m^*=10.5$，此时供应链系统最大利润 $\pi^*=11485$。

碳排放投入最大时，求解优化问题，由公式（6-4）得到如表6-1所示的最优生产量及供应链利润。

由表 6-1 可以发现，以供应链利润最大时的最优生产量为分界点，随着减排投入的增大，生产量在逐步增加，而供应链系统利润并没有增加。

2. 利润分配比例 θ 范围界定

供应链系统利润最大时，最优生产量为 510，最优减排投入值为 10.5，由公式（6-16）可以得到供应商半成品售价 w 为：

$$w=12.5-19.5\theta \quad (6-20)$$

综合公式（6-17）、公式（6-18）和公式（6-19）可以得到 θ 的取值范围为 0.12~0.21。

表 6-1　考虑碳排放的最优生产量及供应链利润

q^*	m	π_c	$\hat{\pi}$
569	13.5	11306	11306
559	13	11360	11360
550	12.5	11405	11405
540	12	11440	11440
530	11.5	11465	11465
520	11	11480	11480
510	10.5	11485	11485
520	11.5	11480	11480
530	11.5	11465	11465
540	12	11440	11440
550	12.5	11405	11405
559	13	11360	11360
569	13.5	11306	11306

碳排放投入最大时，取最优减排投入值的中间值 12，生产量为 540，由公式（6-14）可以得到供应商半成品售价 w 为：

$$w=14-21\theta \tag{6-21}$$

综合公式（6-17）、公式（6-18）和公式（6-19）可以得到，θ 的取值范围为 0.15~0.24。

3. 联合决策与分散决策的结果分析

对于联合决策和分散决策，最优的供应链系统利润 π、生产量 q 以及减排投入 m 如表 6-2 所示。

表 6-2 联合决策及分散决策时的结果

联合决策						分散决策					
不考虑减排投入			考虑减排投入			未采用收益共享契约			采用收益共享契约		
π	q	m	π	q	m	π	q	m	π	q	m
9304	304	0	11485	510	10.5	9267	299	0	11485	510	与 θ 有关

由表 6-2 可以看出，在联合决策时，应考虑采用减排投入策略，而在分散决策时，应采取收益共享契约。同时，无论是否考虑减排投入以及是否采用收益共享契约，联合决策时的利润总不低于分散决策时的利润，即联合决策总是优于分散决策。

6.2.5 敏感性分析

1. 联合决策时 α 变化的影响

联合决策时 α 的变化对供应链系统利润、生产量及减排投入的影响如图 6-1 所示。

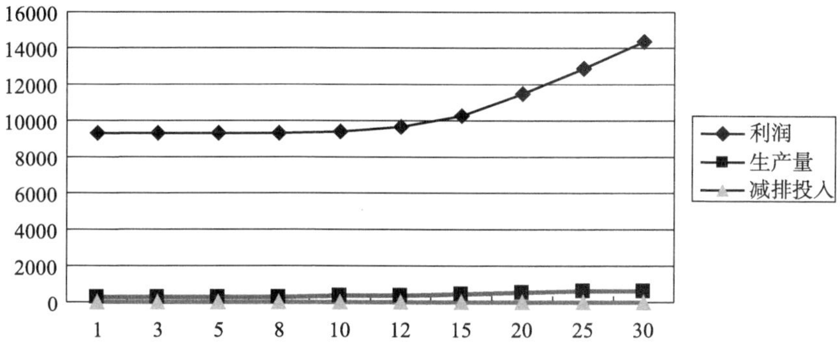

图 6-1 联合决策时 α 变动时的影响

由图 6-1 可以看出，当 α 值较小（小于 9）时对供应链系统利润、最优生产量及碳排放投入的影响并不显著，但随着 α 值变大，特别是达到 15 以上时，随着 α 值的变大供应链系统利润、最有生产量及减排投入均有显著增加。

2. 分散决策时分配比例 θ 变化对利润的影响

利润最大时，供应商半成品售价 w 如公式（6-20）所示。此时，分配比例 θ 变化对供应商、生产商利润的影响，如表 6-3 所示。

表 6-3 利润最大时分配比例 θ 变化对供应商及生产商利润的影响

θ	生产商利润	供应商利润	总利润
0. 12	10107	1378	11485
0. 13	9992	1493	11485
0. 14	9877	1608	11485
0. 15	9762	1723	11485
0. 16	9647	1838	11485
0. 17	9532	1953	11485
0. 18	9418	2607	11485
0. 19	9303	2182	11485
0. 20	9188	2297	11485
0. 21	9073	2412	11485

减排投入最大时，供应商半成品售价如公式（6-21）所示。此时，分配比例 θ 变化对供应商、生产商利润的影响如图 6-2 所示。

由表 6-3 和图 6-2 可以看出，无论在利润最大还是减排投入最大时，随着分配比例 θ 的逐步增大，生产商利润逐步减少，而供应商利润则逐步增大，利润由生产商逐步转移给供应商。

随着我国与节能减排相关的政策法规陆续出台以及公众环保意识的增强，碳标识较低的产品势必能够吸引更多消费者。在有效控制碳排放的同时，如何保证企业正常利润已经成为企业的当务之急。通过基于收益共享契约的供应链协调模型的研究，可以达到在不降低供应链各成员利润的前提条件下有效控制碳排放的双赢目标。

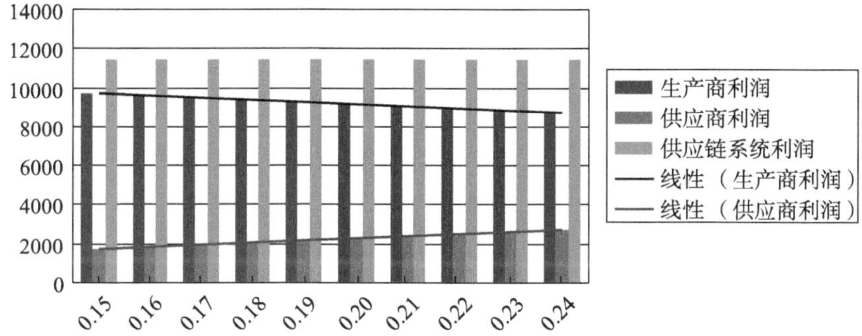

图 6-2 减排投入最大时分配比例 θ 变化对供应商及生产商利润的影响

6.3 碳税及碳排放交易机制下的供应链协调

对于政府而言，碳排放控制主要包括两种手段：一是基于政府行政命令的强制从总量控制碳排放；二是基于市场的从总量控制碳排放，这两种手段均将对从总量控制碳排放起到重要作用。目前，世界各国主要采用以市场为主的碳排放控制措施，我国也陆续开始在试点城市采用，市场手段从总量控制碳排放，这势必将会对企业在碳排放控制以及经济效益方面产生重要影响。

碳税及碳排放交易机制是政府基于市场控制碳排放的两种主要方式。在征收碳税模式下，政府可以借助对碳税税率的调整达到有效控制碳排放的目标。碳排放配额则是政府通过对各企业碳排放配额的分配，进而从总量对碳排放进行控制的有效措施。由于各企业实际碳排放与碳排放配额存在差异，导致企业的碳排放配额不足或过剩，故企业间可通过碳排放交易系统进行碳排放交易，进而达到碳排放配额适宜的要求。面对碳税及碳排放交易机制下的碳排放约束，生产商需要考虑随着碳税税率以及碳排放配额、碳排放交易价格等的变化，基于收益共享契约的生产商和供应商之间是否存在协调的可能性。鉴于此，基于碳税或碳排放配额下的供应商和生产商之间的供应链协调问题研究，不仅有助于企业应对碳税税率及碳排放配额变动，还可为政府制定碳排放控制措施提供支持。

6.3.1 问题描述

本书研究由单个供应商和单个生产商组成的两级供应链，生产商及供应商均无产能限制且最终产成品为报童型产品的供应链协调问题。面对需求不确定市场，生产商决定其单一产成品的生产量 q，并从供应商处订购相同数量的半成品，经过加工后以固定价格 p 卖出，产成品售价 p 由外部市场决定。单位产品加工成本为 C_p，市场对最终产成品的需求为 D，其服从均值为 μ_0 和方差为 σ^2 的正态分布，密度函数及分布函数分别为 f（μ_0，σ^2）和 F（μ_0，σ^2），标准正态分布函数的密度函数及分布函数分别为 φ（0，1）和 Φ（0，1）。生产商的单位库存成本为 h，单位缺货的罚成本为 s，碳排放配额为 a。供应商加工半成品的单位成本为 C_s，卖给生产商的单位半成品售价为 w，碳排放配额为 b。供应商采取以销定产方式，其生产量即为生产商的订货量，故不存在存货及缺货成本。生产商及供应商的碳税税率均为 n，生产商及供应商的固定碳排放分别为 F_1 和 F_2，$Y_1>0$（<0）及 $Y_2>0$（<0）分别表示生产商及供应商购买（卖出）的碳排放配额，单位碳排放交易价格为 m。本书研究在碳税及碳排放配额两种碳排放约束条件下，供应商和生产商在联合决策及分散决策等不同情形下如何有效应对碳税税率及碳排放配额等变动的影响。

6.3.2 联合决策时的最优订货量

在联合决策条件下，生产商和供应商可以视同为隶属同一企业，在此条件下，整体目标表现为追求供应链系统的利益最大化。

1. 碳税征收

供应商及生产商均需根据自身的碳排放缴纳相应的碳税，最终供应链收益为：

$$\pi = pE[\min(q,D)] - h(q-D)^{+} - s(D-q)^{+} - qC_p - qC_s - (qE_p + qE_s)n \tag{6-22}$$

此时，最优订货量：

$$q^{*} = \mu + \sigma\Phi^{-1}\left(\frac{p+s-C_p-C_s-E_p n-E_s n}{p+h+s}\right) \tag{6-23}$$

依据标准正态分布函数的分布函数单调递减的特性，由公式（6-23）可以看出，随着碳税税率变大，最优订货量在逐步减小。

2. 碳排放配额

在联合决策条件下，可以视同供应商与生产商双方无交易成本的直接进行碳排放配额买卖，最终供应链系统收益为：

$$\pi = pE[\min(q,D)] - h(q-D)^{+} - s(D-q)^{+} - qC_p - qC_s - (Y_1+Y_2)m$$
$$\text{s. t. } F_1 + qE_p = a' + Y_1$$
$$F_2 + qE_s = b' + Y_2 \tag{6-24}$$

若令 $a = a' - F_1$，$b = b' - F_2$，则约束条件为：

$$qE_p = a + Y_1$$
$$qE_s = b + Y_2 \tag{6-25}$$

故可假设固定碳排放 F_1 及 F_2 均为 0，并不影响最终结果的分析。在此条件下，最优订货量为：

$$q' = \mu + \sigma\Phi^{-1}\left(\frac{p+s-C_p-C_s-E_p m-E_s m}{p+h+s}\right) \tag{6-26}$$

由公式（6-26）可以看出，最优订货量与单位碳排放交易价格 m 有关，而与生产商及供应商的碳排放配额 a、b 无关，且随着 m 的变大，最优订货量也在逐步减小，由公式（6-24）可以发现利润与 Y_1+Y_2

有关，当 Y_1+Y_2 为正值则利润减小，否则变大。

6.3.3 分散决策时的最优订货量

在分散决策条件下，供应商和生产商各自追求自身利润的最大化，依据自身情况分别做出相应的决策。

1. 碳税征收

生产商、供应商以及供应链系统的利润 π_p、π_s 及 π'分别如以公式（6-27）、公式（6-28）和公式（6-29）所示：

$$\pi_p=pE[\min(q,D)]-h(q-D)^+-s(D-q)^+-qE_pn-qw-qC_p \quad (6-27)$$

$$\pi_s=qw-qc_s-qE_sn \quad (6-28)$$

$$\pi'=\pi_p+\pi_s \quad (6-29)$$

此条件下，生产商最优订货量：

$$q_p{}^*=\mu+\sigma\Phi^{-1}\left(\frac{p+s-E_pn-w-C_p}{p+h+s}\right) \quad (6-30)$$

同样由公式（6-30）可以看出，随着碳税税率的变大，最优订货量也在逐步减小。

比较公式（6-23）和公式（6-30）可以看到，只有当 $w=E_sn+c_s$ 时，$q^*=q_p{}^*$，此时供应链系统利润最大。当 $w\neq E_sn+c_s$ 时，不失一般性，假设 $w>E_sn+c_s$，由公式（6-23）和公式（6-30）易得到 $q^*>q_p{}^*$，从而引发供应链效益的双重边际化问题。此时，若要保证供应链系统利润最大化，需将分散决策时生产商的最优订货量 q_p^* 增加至 q^*，从而导致生产商的利润下降。

由以下公式（6-31）：

$$\pi_s=qw-qc_s-(qE_s-b)m=q(w-Cs-E_sm)+bm \quad (6-31)$$

可以看出，由于 $w-Cs-E_sm>0$，故随着订货量 q 的增大，供应商的利润随之增大。

因此，通过供应商分配一定比例利润 θ 给生产商的方式，可以达到供应商和生产商利润均增加的双赢效果。此时，需满足的条件如公式(6-32)和公式（6-33）所示：

$$(1-\theta)\pi_s^{q^*}>\pi_s^{q'} \tag{6-32}$$

$$\theta\pi_s^{q^*}+\pi_p^{q^*}>\pi_p^{q'} \tag{6-33}$$

2. 碳排放配额

$$\pi_p=pE[\min(q,D_c)]-h(q-D_c)^+-s(D_c-q)^+-Y_1m-qw-qC_p \tag{6-34}$$

$$\pi_s=qw-qc_s-Y_2m \tag{6-35}$$

$$\pi'=\pi_p+\pi_s \tag{6-36}$$

此条件下，生产商最优订货量：

$$q_p{}'=\mu+\sigma\Phi^{-1}\left(\frac{p+s-E_pm-w-C_p}{p+h+s}\right) \tag{6-37}$$

比较公式（6-26）和公式（6-37）可以看到，只有当 $w=E_sm+c_s$ 时，$q'=q_p{}'$，此时供应链系统利润最大。供应商利润分配比例同样如公式(6-32)和公式（6-33）所示，不再赘述。

6.3.4 数值分析

为便于展开对问题的具体分析，给定各参数的相关数值如下：$p=40$，$h=5$，$s=5$，$\mu=300$，$\sigma=15$，$w=15$，$C_p=7$，$C_s=2$，$E_p=4$，$E_s=3$，$a=1000$，$b=1500$，$m=2$，$n=3$，并使用 Matlab 软件对优化问题求解。

1. 联合决策时的最优生产量

在支付碳税时，生产商最优订货量 $q^*=296$，供应链系统利润 $\pi=2999$。

在碳排放配额条件下，生产商最优订货量 $q'=299$，供应链系统利润 $\pi=10081$。

2. 分散决策时的最优订货量

在支付碳税时，生产商最优订货量 $q_p^* = 294$，生产商利润 $\pi_p = 1819$，供应商利润 $\pi_s = 1176$，供应链系统利润 $\pi' = 2995$，不存在供应商与生产商协调的可能性。

在碳排放配额条件下，生产商最优订货量 $q_p' = 296$，生产商利润 $\pi_p = 4999$，供应商利润 $\pi_s = 5072$，供应链系统利润 $\pi' = 10071$，供应商分配给生产商的利润分配比例 θ 的取值范围是 0.19~0.41。

由此可以看出，无论在何种情况下，联合决策总是优于分散决策，联合决策的最优生产量也总是大于分散决策时的生产量。在支付碳税条件下，生产商与供应商双方不能达成一致，供应链协调机制难以实现。

6.3.5 敏感性分析

1. 联合决策碳税及单位碳交易金额变动时的影响

碳税税率变动产生的影响如表 6-4 所示，碳交易金额变动的影响如图 6-3 所示。

表 6-4 碳税税率变动对最优订货量及供应链系统利润的影响

碳税税率	最优订货量	供应链系统利润
0.5	303	8241
1.0	301	7183
1.5	300	6130
2.0	299	5082
2.5	297	4038
3.0	296	2999
3.5	294	1966
4.0	293	938

随着碳税税率的逐步变大，生产商最优订货量在小幅下降，同时，

供应链系统利润也在显著变小。

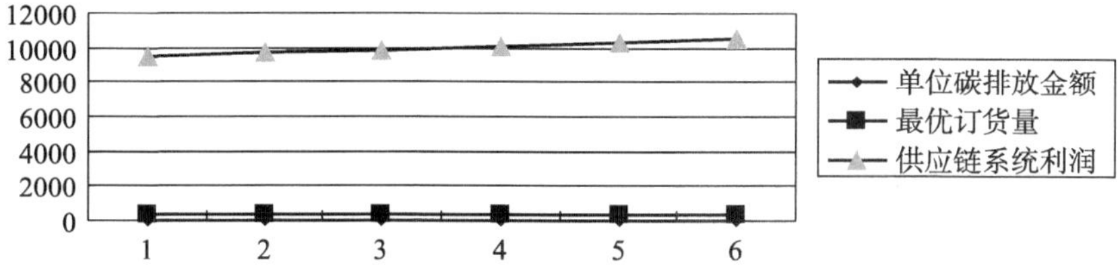

图 6-3　单位碳交易金额变动对最优订货量及供应链系统利润的影响

随着单位碳排放交易价格的逐步变大，生产商最优订货量在小幅下降，而供应链系统利润则在显著增加。

2. 分散决策时单位半成品售价 *w* 变动对利润的影响

由表 6-5 可以看出，随着单位半成品售价 w 的变大，最优订货量在逐步减小，生产商的利润逐步减小，而供应商的利润在逐步变大，利润由生产商向供应商转移。当 $w=E_s m+c_s$，即 $w=8$ 时，供应链系统利润最大。

表 6-5　单位半成品售价 *w* 变动对利润的影响

单位半成品售价	最优订货量	生产商利润	供应商利润	供应链系统利润
1	302	9183	886	10069
2	301	8882	1194	10076
4	300	8280	1800	10080
6	300	7680	2400	10080
8	299	7082	3000	10082
10	298	6485	3596	10081
12	297	5890	4188	10078
15	296	4999	5072	10071
17	295	4408	5655	10063
19	294	3819	6234	10053

3. 分散决策时 θ 的取值范围

碳税条件下，碳税税率变动对供应商利润分配比例的影响如表 6-6

所示，碳排放配额条件下，单位碳交易金额变动的影响如表 6-7 所示。

表 6-6　碳税税率 n 变动对供应商利润分配比例 θ 的影响

n	q^*	利润	q_p^*	生产商利润	供应商利润	供应链系统利润	θ 取值范围
0. 5	303	8241	298	4783	3427	8210	0. 77～1. 63
1. 0	302	7183	297	4187	2980	7167	0. 79～1. 32
1. 5	300	6130	297	3592	2533	6125	0. 47～0. 67
2. 0	299	5082	296	2999	2086	5085	不存在
2. 5	297	4038	295	2408	1939	4347	不存在
3. 0	296	2999	294	1819	1192	3011	不存在
3. 5	294	1966	293	1231	745	1976	不存在
4. 0	293	938	292	646	298	944	不存在

由表 6-6 可以看出，θ 取值 0. 5～1. 5 时，双方才有可能达成利润共享协议，当 θ 取值大于 2 时，双方就不存在达成协议的条件，这表明较高的碳税会阻止双方达成协议，供应链协调难以实现。

表 6-7　单位碳排放交易价格 m 变动对供应商利润分配比例 θ 的影响

m	q'	利润	q'_p	生产商利润	供应商利润	供应链系统利润	θ 取值范围
0. 5	303	9491	298	5283	4177	9460	0. 64～1. 39
1. 0	301	9683	297	5187	4470	9657	0. 33～0. 90
1. 5	300	9880	297	5092	4774	9866	0. 19～0. 41
2. 0	299	10081	296	4999	5072	10071	0. 19～0. 41
2. 5	297	10288	295	4908	5372	10280	0. 07～0. 22
3. 0	296	10499	294	4819	5676	10495	0. 07～0. 14

由表 6-7 可以看出，随着单位碳排放交易价格 m 变大，双方的议价范围在变小，受谈判能力的约束同样变小，这表明随着碳排放金额变大，双方更不容易达成一致意见，供应链协调也较难实现。

4. 生产商和供应商的碳排放配额 *a* 及 *b* 变动的影响

在碳排放配额条件下，生产商及供应商的碳排放配额 a、b 数值的变化，可分为以下四种情况：

（1）$qe_p>a$，$qe_s>b$。

（2）$qe_p<a$，$qe_s<b$。

（3）$qe_p>a$，$qe_s<b$。

（4）$qe_p<a$，$qe_s>b$。

由于（1）与（2）两种情况相似，（3）和（4）两种情况类同，故本书主要就（1）及（3）两种情况进行分析。

在（1）情况下，当 $a=500$，$b=500$ 时，单位碳排放金额 m 变动的影响如表 6-8 所示。

表 6-8　特定条件下单位碳排放交易价格 m 变动对供应商利润分配比例 θ 的影响

m	q'	利润	q'_p	生产商利润	供应商利润	供应链系统利润	θ 取值范围
0.5	303	8741	298	5033	3677	8710	0.54～1.55
1.0	301	8183	297	4687	3470	8157	0.30～1.14
1.5	300	7630	297	4342	3274	7616	0.28～0.79
2.0	299	7081	296	3999	3072	7071	0.25～0.65
2.5	297	6538	295	3658	2872	6530	0.11～0.42
3.0	296	5999	294	3319	2676	5995	0.09～0.26

与表 6-7 所表示的（3）相较而言，总体而言 θ 的取值范围在变大，双方更容易达成一致，供应链协调更容易实现。

面对全球气候变暖的现状，碳税及碳排放配额是政府进行碳排放控制的两种主要市场手段。研究表明无论政府采取何种市场手段控制碳排放，对于供应链系统而言，联合决策条件下的供应链系统利润总是优于分散决策条件下的供应链系统利润。在分散决策条件下，随着供应商半成品售价的上升，供应商的利润在逐步增加，而生产商的利润则在减小，供应商可以通过将一定比例利润分配给生产商达到双方利润均增加的目标，从而使基于供应链协调的碳排放控制得以实现。随着单位碳排放交易价格的提高，生产商与供应商的协调更难实现，较高的碳税税率使供应链协调不可能实现。生产商和供应商可以依据当前单位碳排放交易价格或碳税税率来分析双方达成协议的可能性以及达成协议的合理范围，对于处于劣势的企业，可以有效减少不必要的谈判费用及损失。进而，政府可以通过对单位碳排放交易价格或碳税税率的调整，寻求平衡碳排放控制和经济发展的现实途径。

6.4 本章小结

本章研究碳排放控制下的生产商与供应商的两级供应链协调途径问题。生产商可以采用收益共享契约，将部分收益分配给供应商从而鼓励供应商降低碳排放，进而达到在不减少供应链成员利润的前提下，又能有效控制碳排放的双赢目标。本章着重分析联合决策下由于碳排放控制导致产成品需求增加系数的变化对供应链利润的影响，分散决策下生产商利润分配比例的变化对双方利润的影响，以及在碳税及碳排放交易等变动时的不同外部市场环境下，生产商与供应商双方之间通过协调控制碳排放的可能性。研究表明联合决策总是优于分散决策，借助收益共享契约可以达到既有效控制碳排放又不减少供应链成员利润的双赢目标，较高的碳税及碳排放交易价格会阻止供应链协调的实现，这也为政府制定碳排放政策提供了必要的帮助。

第 7 章

总结与展望

随着全球气候变暖问题日益凸显，碳排放控制下的供应链协调问题受到学者们的广泛关注，并正逐步成为研究的热点问题之一。由于碳排放产生于供应链各环节，单纯从产品生产某一环节入手难以有效解决碳排放问题，基于供应链视角是有效控制碳排放进而解决全球气候变暖问题的一个有效途径。基于此，碳排放控制下的供应链协调问题就显得尤为重要，利用供应链协调可以在有效控制碳排放的同时达到不降低供应链成员利润的目标。

本章首先对本书的研究内容及研究结论进行总结，说明本书的研究贡献，最后指出本书研究的局限性以及未来研究方向。

7.1 全书总结

碳排放控制下的供应链协调问题是目前理论及实务界研究的热点问题之一，尤其是随着我国北京、上海等地陆续展开的碳排放交易平台的构建，如何有效解决碳排放控制与经济效益均衡问题，成为企业日益关注的焦点问题之一。这不仅是企业努力承担社会责任的体现，而且是企业实现可持续经营必须面对的问题。

本书采用规范研究方法与实证研究方法相结合的研究方法，在对相关文献进行回顾的基础上，分析碳排放因素在供应商选择要素中所处地位，并力图以供应商选择及订货量分配为基础，针对碳排放控制下供应链协调问题展开研究，为未来研究碳排放控制问题提供一些有益的启示。

本书主要研究工作及研究结论如下：

第一，本书对与碳排放、供应商选择以及供应链协调等相关的文献进行述评，并对相关问题进行分析。供应商选择及订货量分配是供应链管理领域的经典问题，学者们多是从影响供应商选择的要素以及供应商选择模型的求解方法两个角度对供应商选择问题进行研究。碳排放问题随着全球气候变暖而显得越发突出，与碳排放相关的研究主要集中在碳排放测度、碳会计、排污权确定、碳交易平台构建等相关问题的研究上。随着以欧盟为代表的碳排放交易平台的构建及所所发挥的显著作用，我国也正逐步在试点地区建立碳排放交易平台。本书力图找出碳排放控制下的供应链协调所面临的问题，并结合实际情况找出解决此问题的现实途径。

第二，碳排放因素在供应商选择要素中的地位。在供应商选择要素中价格、质量、售后服务及供应商信誉等是供应商选择的主要因素，但随着碳排放问题的日益突出，碳排放因素正逐步成为供应商选择中的主要因素。首先，本书以欧盟世界500强企业为代表，分析以供应商的碳排放为代表的间接碳排放对生产商的碳信息披露质量的影响，研究表明两者之间存在高度的相关性。鉴于此，在供应商选择过程中必须要考虑碳排放因素。其次，通过对以上海汽车工业为代表的供应商选择问题分析，基于实际调研数据研究发现，在供应商选择要素中，碳排放因素仅次于质量、价格等因素，从而进一步验证了在供应商选择要素中，碳排放因素所具有的重要地位。本书研究表明，面对全球气候变暖的现状以及我国节能减排等相关政策的陆续出台，生产商在选择供应商的过程中，不仅需要考虑质量、价格、售后服务等主要因素，还需要考虑碳排放因素，只有这样，才能选择出真正满足自身需求且购买成本较低的供应商。

第三，碳排放控制下的供应商选择及订货量分配问题。生产商如何选择满足自身需求的高质量的供应商，一直是供应链管理中的重要问题之一。对于单个供应商而言，主要分析如何通过订货量的调整来达到包括碳排放成本在内的购货成本最低。由于在原材料购买中，运输环节会产生大量的碳排放，本书研究在选定单个供应商的基础上，借助经典经济订货量模型，在考虑运输以及碳排放等因素的基础上，如何通过订货量的调整来达到包括碳排放成本在内的购货成本最小的目标。同时，分析碳排放价格的变动对生产商订货量的影响。对于多个供应商而言，首先，分析如何在多个供应商中选择适合自身需求的供应商；其次，研究在选定供应商中订货量的分配问题，面对多个约束条件，如何达到包括碳排放成本在内的总购货成本最低的单一目标，或者达到购货成本以及碳排放均较低的多目标。本书研究表明，在综合考虑碳排放因素的基础上，可以通过订货量的调整来达到碳排放与经济效益之间的均衡。

第四，碳排放控制下的生产商与供应商两级供应链协调问题。碳税及碳排放交易机制是国家从总量上控制碳排放的两个主要措施，本书在构建碳排放控制下由生产商和供应商组成的两级供应链协调模型的基础上，分析在碳排放控制条件下，生产商通过收益共享契约将部分利润分配给供应商以激励供应商减少碳排放，从而使最终产品碳排放降低，并通过较低碳排放产品获得较高的收益，进而达到在不降低双方收益情况下，有效控制碳排放的双赢目标。随着我国以上海、北京等地为代表的碳排放交易平台的构建，除对碳排放征收碳税外，借助碳排放配额的分配将成为政府从总体控制碳排放的主要措施之一。因此，本书分析在碳税及碳排放交易机制两种情况下，生产商与供应商协调的途径及方法，从而达到既控制碳排放又不降低供应链成员收益的双重目标。

7.2 未来展望

本书对碳排放控制下的供应链协调问题进行了探索和研究，取得了一些研究成果，但受自身水平的限制，对于碳排放控制下供应链协调的相关问题还需要进一步研究。

首先，需要进一步明晰实施碳排放控制的企业内外部环境及理论基础。碳排放究其本质而言，属于环境污染问题这一大范畴，与环境污染相关的理论不仅包括外部性问题以及利益相关者理论，还有其他相关的理论需要进一步研究，为实施碳排放控制提供理论依据。实施碳排放控制的环境在不停发生变化，仅就企业而言，企业内部环境在发生改变，随着企业社会责任意识的增强，企业自身可以采取相关措施如与供应商进行利润共享等方式，对碳排放进行控制。就企业外部而言，国家相关法律法规的进一步健全，对企业减少碳排放有了更为明确的要求。国家可以采取强制性措施，命令企业减少碳排放，或者采取诸如对碳排放征收碳税、建立碳排放交易平台（对企业进行碳排放配额分配）等市场手段，从总体对碳排放进行控制。随着企业内外部环境的改变，企业控制碳排放的方式也会相应发生改变。因此，企业需要依据内外部环境的变化，找到适合自身的碳排放控制措施，国家也需要从企业不同的应对措施中，不断调整碳排放控制措施，进而找到在经济发展和碳排放控制之间的平衡点，这也是本书尚未探讨但需要以后进一步研究的相关问题。

其次，如何在变化的碳排放控制环境中恰当选择合适的供应商。借助融合碳排放因素的供应商选择来有效实施供应链协调问题，是本书研究的主要问题之一。随着我国经济的持续发展，企业的内外部环境也在不停地发生着改变，本书需要进一步研究在外部环境变化时的供应商选择问题。对于单个供应商而言，需要研究在不确定需求下的订货量确定问题，交通运输方式的变化对生产商订货量的影响，以及生产商如何达到经济利益、碳排放控制等多目标优化问题。对于多个供应商而言，需要研究在供应商能力受限、连续订货、考虑价格或数量折扣等外部环境发生变化时，生产商如何进行应对，以便能够通过供应商选择达到碳排放控制与经济效益的均衡。

最后，比较分析基于不同供应链契约对碳排放控制下供应链协调的影响。本书研究在收益共享契约条件下，面对碳税及碳排放配额的变化，生产商如何借助收益共享契约达到生产商和供应商既不减少利润又减少碳排放的双赢目标。收益共享契约是经典的供应链契约，除此之外，供应链契约还包括回购契约、数量折扣契约、弹性数量契约等。本书今后考虑研究不同供应链契约在供应链管理中如何通过生产商与供应商之间的合作，来达到供应链合作伙伴利润均不减少且有效控制碳排放的双赢目标。

参考文献

[1] Lash J., Wellington F. Competitive advantage on a warming planet [J]. Harvard Business Reviews, 2007, 85 (3): 94-102.

[2] Schneider S. H. The greenhouse effect: Science and policy [J]. Science, 1989, 243 (4892): 771-781.

[3] Padgett J. P., Steinemann A. C., Clarke, J. H. A comparison of carbon calculators [J]. Enviromental Impact Assessment Review, 2008, 28 (2-3): 106-115.

[4] Ratnatunga J., Jones S., Balachandran K. The valuation and reporting of organizational capability in carbon emissions management [J]. Accounting Horizons, 2011, 25 (1): 127-147.

[5] Milne M., Grubnic S. Climate change accounting research: Keeping it interesting and different [J]. Accounting, Auditing and Accountability Journal, 2011, 24 (8): 948-977.

[6] Minx J. C. Input-output analysis and carbon footprinting: An overview of applications [J]. Economic System Research, 2009, 21 (3): 187-216.

[7] Angel D., Tim, J. The carbon footprint of UK households 1990-2004: A socio-economically disaggregated, quasi-multi-regional input-output model [J]. Ecological Economics, 2009, 68 (7): 2066-2077.

[8] Lam H. L. Minimising carbon footprint of regional biomass supply chains [J]. Resources, Conservation and Recycling, 2010, 54 (5): 303-309.

[9] Leonardi J., Browne M. A method for assessing the carbon footprint of maritime freight transport: European case study and results [J]. International Journal of Logistics: Research and applications, 2010, 13 (5): 349-358.

[10] Sundarakani B., De, Souza R., Goh M., et al. Modeling carbon footprints across the supply chain [J]. International Journal of Production E-conomy, 2010, 128 (1): 43-50.

[11] Lee Ki-H. Carbon accounting for supply chain management in the automobile industry [J]. Journal of Cleaner Production, 2012, 36: 83-93.

[12] 于小迪，董大海，张晓飞．产品碳足迹及其国内外发展现状 [J]. 经济研究导刊，2010，19：182-183.

[13] 卞晓红，张绍良．碳足迹研究现状综述 [J]. 管理现代化，2015，3：127-129.

[14] 杨传明．碳足迹研究综述与展望 [J]. 环境保护与循环经济，2010，10：16-18.

[15] Canals L., Sim S. Estimating the greenhouse gas footprint of Knorr [J]. International Journal of Life Cycle Assess, 2011, 16 (1): 50-58.

[16] Espionoza N., Stichnothe H. The carbon footprint of bread [J]. International Journal of Life Cycle Assess, 2011, 16 (4): 351-365.

[17] Jaegler A., Burlat P. Carbon friendly supply chains: A simulation study of different scenarios [J]. Production Planning and Control, 2012, 23 (4): 269-278.

[18] Schaltegger S., Csutora M. Carbon accounting for sustainability and management. Status quo and challenges [J]. Journal of Cleaner Production, 2012, 36: 1-16.

[19] 刘宇，吕郢康，周梅芳．投入产出法测算 CO_2 排放量及其影响因素分析 [J]. 中国人口资源与环境，2015，25 (9)：21-28.

[20] Ingram R., Frazier K. Environmental performance and corporate disclosure [J]. Journal of Accounting Research, 1980, 18 (2): 614-623.

[21] Montabon F., Sroufe R., Narasimhan, R. An examination of corporate reporting, environmental management practices and firm performance [J]. Journal of Operations Management, 2007, 25 (5): 998-1014.

[22] Patten D. M., Crampton W. Legitimacy and the internet: An examination of corporate web page environmental disclosure [J]. Advances in Environmental Accounting and Management, 2004, 2: 31-57.

[23] Al-Tuwaijri S. A., Christensen T. E., Hughes K. E. The relations among environmental disclosure, environmental performance, and economic performance: A simultaneous equations approach [J]. Accounting, Organizations and Society, 2004, 29 (5-6): 447-471.

[24] Hassel L., Nilsson H., Nyquist A. The value relevance of environmental performance [J]. European Accounting Review, 2005, 14 (1): 41-61.

[25] Dualiwal D. S., Li O. Z., Tsang A., et al. Voluntary nonfinancial disclosure and the cost of equity capital [J]. The Accounting Review, 2011, 86 (1): 59-100.

[26] Adolof C-P. Managing the carbon footprint of products: The contribution of the method composed of financial statements (MC3) [J]. International Journal of Life Cycle Assess, 2010, 15 (9): 962-969.

[27] Bebbington J., Larrinaga C. Carbon trading: Accounting and reporting issues [J]. European Accounting Review, 17 (4): 697-717.

[28] Andrew J., Cortese C. Accounting for climate change and the self-regulation of carbon disclosures [J]. Accounting Forum, 2011, 35 (3): 130-138.

[29] Rankin M., Windsor C., Wahyuni D. An investigation of voluntary corporate greenhouse gas emissions reporting in a market governance system [J]. Accounting, Auditing and Accountability, 2011, 24 (8): 1037-1070.

[30] Clarkson P. M., Li Y., Richardson G. D. Revisiting the relation between environmental performance and environmental disclosure: An empirical analysis [J]. Accounting, Organizations and Society, 2008, 33 (4-5): 303-327.

[31] Brammer S., Pavelin S. Factors influencing the quality of corporate environmental disclosure [J]. Business Strategy and the Environment, 2008, 17 (2): 120-136.

[32] Crawford E. P., Williams C. C. Should corporate social reporting be voluntary or mandatory? Evidence from the banking sector in France and the United States [J]. Corporate Governance, 2010, 10 (4): 512-526.

[33] Ashcroft P., Smith L. M. Impact of environmental regulation on financial reporting of pollution activity: A comparative study of U. S. and Canadian firms [J]. Research in Accounting Regulation, 2008, 20 (C): 127-153.

[34] Sullivan R., Gouldson A. Does voluntary carbon reporting meet investors' needs? [J]. Journal of Cleaner Production, 2012, 36: 60-67.

[35] Freedman M., Jaggi B. Global warming, commitment to the Kyoto protocol, and accounting disclosures by the largest global public firms from polluting industries [J]. The International Journal of Accounting, 2005, 40 (3): 215-232.

[36] Depoers F., Jeanjean T., Jeome T. Voluntary disclosure of greenhouse gas emissions: Contrasting the carbon disclosure project and corporate reports [J]. Journal of Business Ethics, 2016, 134 (3): 445-461.

[37] 陈华，王海燕，荆新．中国企业碳信息披露：内容界定、计

量方法和现状研究［J］. 会计研究，2013，12：18-25.

［38］汤亚莉，陈自力，刘星，李文红. 我国上市公司环境信息披露状况及影响因素的实证研究［J］. 管理世界，2006，1：158-159.

［39］王建明. 环境信息披露、行业差异和外部制度压力相关性研究［J］. 会计研究，2008，6：54-62.

［40］何玉，唐清亮，王开田. 碳信息披露、碳业绩与资本成本［J］. 会计研究，2014，1：79-87.

［41］汪方军，朱莉欣，黄侃. 低碳经济下国家碳信息披露系统研究［J］. 科学学研究，2011，4：515-520.

［42］谭德明，邹树梁. 碳信息披露国际发展现状及我国碳信息披露框架的构建［J］. 统计与决策，2010，11：126-128.

［43］张巧良. 碳排放会计处理及信息披露差异化研究［J］. 当代财经，2010，4：110-115.

［44］Olson E. G. Challenges and opportunities from greenhouse gas emissions reporting and independent auditing［J］. Managerial Auditing Journal，2010，25（9）：934-942.

［45］Edwards F.，McKinnon A.，Cullinance S. Comparative carbon auditing of conventional and online retail supply chains：A review of methodological issues［J］. Supply Chain Management：An International Journal，2011，16（1）：57-63.

［46］McKinnon A. C. Product-level carbon auditing of supply chains：Environmental imperative or wasteful distraction?［J］. International Journal of Physical Distribution & Logistics Management，2010，40（1-2）：42-60.

［47］Huang Y. A.，Lenzen M. The role of input-output analysis for the screening of corporate carbon footprints［J］. Economic Systems Research，2009，21（3）：217-242.

[48] Stanny E., Ely K. Corporate environmental disclosures about the effects of climate change [J]. Corporate Social Responsibility and Environmental Management, 2008, 15 (6): 338-348.

[49] Prado-Lorenzo J., Rodriguze L. Factors influencing the disclosure of greenhouse gas emissions in companies world-wide [J]. Management Decision, 2009, 47 (7): 1133-1157.

[50] Kolk A., Levy D., Pinkse J. Corporate responses in an emerging climate regime: The institutionalization and commensuration of carbon disclosure [J]. European Accounting Review, 2008, 17 (4): 719-745.

[51] Campbell D., Slack R. Environmental disclosure and environmental risk: Sceptical attitudes of UK sell-side bank analysts [J]. The British Accounting Review, 2011, 43 (1): 54-64.

[52] Hopwood A. Accounting and the environment [J]. Accounting, Organizations and Society, 2009, 34 (3-4): 433-439.

[53] Acerete B., Liena F., Moneva, J. Environmental disclosure in financial statements: An analysis of Spanish motorway concessionaires [J]. Transportation Research Part D, 2011, 16 (5): 377-383.

[54] Burritt R. L., Schaltegger S. Sustainability accounting and reporting: Fad or trend? [J]. Accounting, Auditing and Accountability Journal, 2010, 23 (7): 829-846.

[55] Wu K., Nagurney A., Liu Z. Modeling generator power plant portfolios and pollution taxes in electric power supply chain networks: A transportation network equilibrium transformation [J]. Transportation Research Part D, 2006, 11 (3): 171-190.

[56] Nagurney A., Liu Z., Woolley T. Optimal endogenous carbon taxes for electric power supply chains with power plants [J]. Mathematical and

Computer Modeling, 2006, 44 (9-10): 899-916.

[57] MacKenzie D. Making things the same: Gases, emission rights and the politics of carbon markets [J]. Accounting, Organizations and Society, 2009, 34 (3-4): 440-455.

[58] Engels A. The European Emissions Trading Scheme: An exploratory study of how companies learn to account for carbon [J]. Accounting, Organizations and Society, 2009, 34 (3-4): 488-498.

[59] Braun M. The evolution of emissions trading in the European Union-The role of policy networks, knowledge and policy entrepreneurs [J]. Accounting, Organizations and Society, 2009, 34 (3-4): 469-487.

[60] Dickson G. W. An analysis of vendor selection system and decisions [J]. Journal of Purchasing, 1966, 2 (1): 5-17.

[61] Weber C. A., Current J. R., Benton W. C. Vendor selection criteria and methods [J]. European Journal of Operational Research, 1991, 50 (1): 2-18.

[62] Patton W. E. Use of human judgment models in industrial buyers' vendor selection decisions [J]. Industrial Marketing Management, 1996, 25 (2): 135-149.

[63] Muralidharan C., Anantharaman N., Deshmukh, S. G. Vendor rating in purchasing scenario: A confidence interval approach [J]. International Journal of Operations & Production Management, 2001, 21 (10): 1305-1326.

[64] Dogan I., Aydin N. Combining Bayesian networks and total cost of ownership method for supplier selection analysis [J]. Computers and Industrial Engineering, 2011, 61 (4): 1072-1085.

[65] Shyur H-J., Shin H-S. A hybrid MCDM model for strategic

vendor selection [J]. Mathematical and Computer Modelling, 2006, 44 (7-8): 749-761.

[66] Verma R., Pullman M. E. An analysis of the supplier selection process [J]. Omega, 1998, 26 (6): 739-750.

[67] Wu W-Y., Sukoco B. M., Li C-Y., et al. An integrated multi-objective decision-making process for supplier selection with bundling problem [J]. Expert Systems with Applications, 2009, 36 (2): 2327-2337.

[68] 马士华，林勇．供应链管理（第二版）[M]. 北京：机械工业出版社，2005.

[69] 朱道立，林虹，曾宪文．供应商选择决策—集成化管理软件 ERP 系统供应商选择 [J]. 物流技术，2000，2：23-26.

[70] Noci G. Designing "green" vendor rating systems for the assessment of a supplier's environmental performance [J]. European Journal of Purchasing & Supply Management, 1997, 3 (2): 103-114.

[71] Hsu C-W., Kuo T-C., Chen S-H., et al. Using DEMATEL to develop a carbon management model of supplier selection in green supply chain management [J]. Journal of Cleaner Production, 2013, 56: 164-172.

[72] Tracey M., Tan C. L. Empirical analysis of supplier selection and involvement, customer satisfaction, and firm performance [J]. Supply Chain Management: An International Journal, 2001, 6 (4): 174-188.

[73] Gencer C., Gurpinar D. Analytic network process in supplier selection: A case study in an electionic firm [J]. Applied Mathematical Modelling, 2007, 31 (11): 2475-2486.

[74] Hutchins M. J., Sutherland J., W. An exploration of measures of social sustainability and their application to supply chain decisions [J]. Journal of Cleaner Production, 2008, 16 (15): 1688-1698.

[75] Chaabane A., Ramudhin A., Paquet M. Design of sustainable supply chains under the emission trading scheme [J]. International Journal of Production Economics, 2012, 135 (1): 37-49.

[76] Quariguasi J. Designing and evaluating sustainable logistics networks [J]. International Journal of Production Economics, 2008, 111 (2): 195-208.

[77] Roth A., Kaberger T. Making transport systems sustainable [J]. Journal of Cleaner Production, 2002, 10 (4): 361-371.

[78] Tsai W-H., Hung S-J. A fuzzy goal programming approach for green supply chain optimization under activity-based costing and performance evaluation with a value-chain structure [J]. International Journal of Production Research, 2009, 47 (18): 4991-5017.

[79] Kainuma Y., Tawara N. A multiple attribute utility theory approach to lean and green supply chian management [J]. International Journal of Production Economics, 2006, 101 (1): 99-108.

[80] Sarkis J. A strategic decision framework for green supply chain management [J]. Journal of Cleaner Production, 2003, 11 (4): 397-409.

[81] Holt D. An empirical study of green supply chain management practices amongst UK manufacture [J]. Journal of Manufacturing Technology Management, 2009, 20 (7): 933-956.

[82] Zhu Q. H., Sarkis J. An inter-sectoral comparison of green supply chain management in China: Drivers and practices [J]. Journal of Cleaner Production, 2006, 14 (5): 472-486.

[83] Vachon S., Klassen R. D. Extending green practices across the supply chain: The impact of upstream and downstream integration [J]. International Journal of Operations and Production Management, 2006, 26 (7): 795-821.

[84] Lee A. H. I., Kang H-Y., Hsu C-F., et al. A green supplier selection model for high - tech industry [J]. Expert Systems with Applications, 2009, 36 (4): 7917-7927.

[85] Hsu C-W., Hu A. H. Applying hazardous substance management to supplier selection using analytic network process [J]. Journal of Cleaner Production, 2009, 17 (2): 255-264.

[86] Abdallah T., Diabat A., Simchi-Levi D. A carbon sensitive supply chain net work problem with green procurement [EB/OL]. http://dx. doi. org/10. 1109/ICCIE. 2010. 5668278, 2011-10-27.

[87] Ramudhin A., Chaabane M., Kharoune M. P. Carbon market sensitive green supply chain network design [C]. IEEE International Conference on Industrial Engineering and Engineering Management, 2008, 4738039: 1093-1097.

[88] Lu Q. Green supply chain: How does it affect current supply chain practice? [C]. IEEE International Conference on Industrial Engineering and Engineering Management, 2008, 4738046: 1128-1132.

[89] Bojarski A. D., Lainez J. M., Espuna A. Incorporating environmental impacts and regulations in a holistic supply chains modeling: An LCA approach [J]. Computers and Chemical Engineering, 2009, 33 (10): 1747-1759.

[90] Pan S., Ballot E., Fontane, F. The reduction of greenhouse gas emissions from freight transport by pooling supply chains [J]. International Journal of Production Economics, 2010, 143 (1): 86-94.

[91] Benjaafar S., Li Y., daskin M. Carbon footprint and the management of supply chains: Insights from simple models [C]. IEEE Transactions on Automation Science and Engineering, 2103, 10 (1): 99-116.

[92] Marti J. M. C., Tancrez J. -S., Seifert, R. W. Carbon footprint and responsiveness trade-offs in supply chain network design [J]. International Journal of Production Economics, 2015, 166 (1): 129-142.

[93] Saaty T. L., Alexander J. M. Thinking with models: Mathematical models in the physical, biological and social sciences [M]. London: Pergamon press, 1981.

[94] Chung S. H., Lee A. H. I., Pearn W. L. Analytic network process (ANP) approach for product mix planning in semiconductor fabricator [J]. International Journal of Production Economics, 2005, 96 (1): 15-36.

[95] Chen C-Y., Lin C-T., Huang S-F. A fuzzy approach for supplier evaluation and selection in supply chain management [J]. International Journal of Production Economics, 2006, 102 (2): 289-301.

[96] Chan F. T. S. N., Kumar N., Tiwari M. K., et al. Global supplier selection: a fuzzy-AHP approach [J]. International Journal of Production Research, 2008, 46 (14): 3825-3857.

[97] Kahraman C., Cebeci U., Ulukan Z. Multi-criteria supplier selection using fuzzy AHP [J]. Logistic Information Management, 2003, 16 (6): 382-394.

[98] Guneri A. F., Cengiz M., Seker S. A fuzzy ANP approach to shipyard location selection [J]. Expert Systems with Applications, 2009, 36 (4): 7992-7999.

[99] Roodhooft F., Konings J. Vendor selection and evaluation An activity based costing approach [J]. European Journal of Operational Research, 1996, 96 (1): 97-102.

[100] Timmerman, E. An approach to vendor performance evaluation [J]. Journal of Purchasing and Supply management, 1986, 1: 27-32.

[101] Degraeve Z., Labro E., Roodhooft, F. Constructing a total cost of ownership supplier selection methodology based on activity-based costing and mathematical programming [J]. Accounting and Business Research, 2005, 35 (1): 3-27.

[102] Choi T. Y., Hartley J. L. An exploration of supplier selection practices across the supply chain [J]. Journal of Operations Management, 1996, 14 (4): 333-343.

[103] Bharadwaj N. Investigating the decision criteria used in electronic components procurement [J]. Industrial Marketing Management, 2004, 33 (4): 317-323.

[104] Bichler M., Kalagnanam J. Configurable offers and winner determination in multi-attribute auctions [J]. European Journal of Operational Research, 2005, 160 (2): 380-394.

[105] Arikan F. A fuzzy solution approach for multi objective supplier selection [J]. Expert Systems with Applications, 2013, 40 (3): 947-952.

[106] Ghodsypour S. H., O'Brien C. The total cost of logistics in supplier selection, under conditions of multiple sourcing, multiple criteria and capacity constraint [J]. International Journal of Production Economics, 2001, 73 (1): 15-27.

[107] Mendoza A., Ventura J. A. Analytical models for supplier selection and order quantity allocation [J]. Applied Mathematical Modelling, 2012, 36 (8): 3826-3835.

[108] Xu J. P., Ding C. A class of chance constrained multi-objective linear programming with birandom coefficients and its application to vendors selection [J]. International Journal of Production Economics, 2011, 131 (2): 709-720.

[109] Feng B., Fan Z. P., Li Y. Z. A decision method for supplier selection in multi-service outsourcing [J]. International Journal of Production Economics, 2011, 132: 240-250.

[110] Saen R. F. Supplier selection by the AR-IDEA model [J]. International Journal of Advanced Manufacture Technology, 2008, 39 (11-12): 1061-1070.

[111] Saen R. F. Supplier selection in the presence of both cardinal and ordinal data [J]. European Journal of Operational Research, 2007, 183 (2): 741-747.

[112] Boran F. E., Genc S., Kurt M., et al. A multi-criteria intuitionistic fuzzy group decision making for supplier selection with TOPSIS method [J]. Expert System with Applications, 2009, 36 (8): 11363-11368.

[113] Deng Y., Chan F. T. S. A new fuzzy dempster MCDM method and its application in supplier selection [J]. Expert Systems with Applications, 2011, 38 (8): 9854-9861.

[114] Humphreys P. K., Wong Y. K., Chan, F. T. S. Integrating environmental criteria into the supplier selection process [J]. Journal of Materials Processing Technology, 2003, 138 (1-3): 349-356.

[115] Zhang X., Lee C. K. M., Chen S. Supplier evaluation and selection: A hybrid model based on DEAHP and ABC [J]. International Journal of Production Research, 2012, 50 (7): 1877-1889.

[116] Ghodsypour S. H., O'Brien C. A decision support system for supplier selection using an integrated analytic hierarchy process and liner programming [J]. International Journal of Production Economics, 1998, 56-57: 199-212.

[117] Ting S-C., Cho D. I. An integrated approach for supplier selection and purchasing decisions [J]. Supply Chain Management: An International Journal, 2008, 13 (2): 116-127.

[118] Sanayei A., Mousavi S. F. An integrated group decision-making process for supplier selection and order allocation using multi-attribute utility theory and linear programming [J]. Journal of Franklin Institute, 2008, 345 (7): 731-747.

[119] Demirtas E. A., Ustun O. An integrated multiobjective decision making process for supplier selection and order allocation [J]. Omega, 2008, 36 (1): 76-90.

[120] Pi W. N., Low C. Supplier evaluation and selection via Taguchi loss functions and an AHP [J]. International Journal of Advanced Manufacture Technology, 2006, 27 (5-6): 625-630.

[121] Mafakheri F., Breton M., Ghoniem, A. Supplier selection-order allocation: A two-stage multiple criteria dynamic programming approach [J]. International Journal of Production Economics, 2011, 132 (1): 52-57.

[122] Ferreira L., Borenstein D. A fuzzy-Bayesian model for supplier selection [J]. Expert Systems with Applications, 2012, 39 (9): 7834-7844.

[123] Amin S. H., Razmi J., Zhang G. Supplier selection and order allocation based on fuzzy SWOT analysis and fuzzy linear programming [J]. Expert Systems with Applications, 2011, 38 (1): 334-342.

[124] Golmohammadi D., Mellat-Parast M. Developing a grey-based decision-making model for supplier selection [J]. International Journal of Production Economics, 2012, 137 (2): 191-200.

[125] Chunguang B., Sarkis J. Integrating sustainability into supplier selection with grey system and rough set methodologies [J]. International

Journal of Production Economics, 2010, 124 (1): 252-264.

[126] Huang H. S., Keskar H. Comprehensive and configurable metrics for supplier selection [J]. International Journal of Production Economic, 2007, 105 (2): 510-523.

[127] Haq A. N., Kannan G. Design of an integrated supplier selection and multi-echelon distribution inventory model in a built-to-order supply chain enviroment [J]. International Journal of Production Research, 2006, 44 (10): 1963-1985.

[128] Sawik T. Single vs. multiple objective supplier selection in a make to order environment [J]. Omega, 2010, 38 (3-4): 203-212.

[129] Wu D. D., Zhang Y., Wu D., et al. Fuzzy multi-objective programming for supplier selection and risk modeling: A possibility approach [J]. European Journal of Operational Research, 2010, 200 (3): 774-787.

[130] Amid A., Ghodsypour S. H., O'Brien C. A weighted additive fuzzy multiobjective model for the supplier selection problem under price breaks in a supply chain [J]. International Journal of Production Economics, 2009, 121 (2): 323-332.

[131] Li L., Zabinsky Z. B. Incorporating uncertainty into a supplier selection problem [J]. International Journal of Production Economics, 2011, 134 (2): 344-356.

[132] Xia W. J., Wu Z. Supplier selection with multiple criteria in volume discount environments [J]. Omega, 2007, 35 (5): 494-504.

[133] Mendoza A., Ventura J. Incorporating quantity discounts to the EOQ model with transportation costs [J]. International Journal of Production Economics, 2008, 113 (2): 754-765.

[134] Saen R. F. A new mathematical approach for suppliers selection:

Accounting for non-homogeneity is important [J]. Applied Mathematics and Computation, 2007, 185 (1): 84-95.

[135] Narasimhan R., Talluri S. Multiproduct, multicriteriamodel for supplier selection with product life-cycle considerations [J]. Decision Sciences, 2006, 37 (4): 577-603.

[136] Liao Z. Y., Rittscher J. A multi-objective supplier selection model under stochastic demand condition [J]. International Journal of Production Economics, 2007, 105 (1): 150-159.

[137] Bilsel R., Ravindran A. A multiobjective chance constrained programming model for supplier selection under uncertainty [J]. Transportation Research Part B, 2011, 45 (8): 1284-1300.

[138] Awasthi A., Chauhan S. S., Goyal S. K., et al. Supplier selection problem for a single manufacturing unit under stochastic demand [J]. International Journal of Production Economics, 2009, 117 (1): 229-233.

[139] Rezaei J., Davoodi M. Multi-objective models for lot-sizing with supplier selection [J]. International Journal of Production Economics, 2011, 130 (1): 77-86.

[140] Vanteddu G., Chinnam R. B., Gushikin O. Supply chain focus dependent supplier selection problem [J]. International Journal of Production Economics, 2011, 129 (1): 204-216.

[141] Mendoza A., Ventura J. A. A serial inventory system with supplier selection and order quantity allocation [J]. European Journal of Operational Research, 2010, 207 (3): 1304-1315.

[142] Zhou Y., Zhao L., Zhao X. B., et al. A supplier selection and order allocation problem with stochastic demands [J]. International Journal of Systems Science, 2011, 42 (8): 1323-1338.

[143] Kheljani J. G., Ghodsypour S. H., O'Brien C. Optimizing whole supply chain benefit versus buyer's benefit through supplier selection [J]. International Journal of Production Economics, 2009, 121 (2): 482-493.

[144] Gosling J., Purvis L., Naim M. M. Supply chain flexibility as a determinant of supplier selection [J]. International Journal of Production Economics, 2010, 128 (1): 11-21.

[145] Nieuwenhuis P., Beresford A., Choi A. K-Y. Shipping or local production? CO_2 impact of a strategic decision: An automotive industry case study [J]. International Journal of Production Economics, 2012, 140 (1): 138-148.

[146] Lin Y. H., Zhao X. F., Zhao X. M. Supplier evaluation and selection under the context of reducing carbon emissions across a supply chain [C]. IEEE International Conference on Industrial Engineering and Engineering Management, 2010, 10: 1426-1429.

[147] Lee K., Cheong In. Measuring a carbon footprint and environmental practice: The case of Hyundai Motors Co. (HMC) [J]. Industrial Management and Data Systems, 2011, 111 (5-6): 961-978.

[148] Sadegheih A. A novel formulation of carbon emissions costs for optimal design configuration of system transmission planning [J]. Renewable Energy, 2010, 35 (5): 1091-1097.

[149] Kumar A., Jain V., Kumar S. A comprehensive environment friendly approach for supplier selection [J]. Omega, 2014, 42 (1): 109-123.

[150] Sajadieh M. S., Fallahnezhad M. S., Khosravi M. A. Joint optimal policy for a multiple-manufacturers multiple-retailer system [J]. International Journal of Production Economics, 2013, 146 (2): 738-744.

[151] Xu X., Meng Z. Coordination between a supplier and a retailer

in terms of profit concession for a two-stage supply chain [J]. International Journal of Production Research, 2013, 52 (7): 2122-2133.

[152] 王磊，但斌. 考虑消费者效用的生鲜农产品供应链保鲜激励机制研究 [J]. 管理工程学报，2015，29 (1)：200-206.

[153] Cachon G. P. Supply chain coordination with contracts [J]. Handbooks in Operations Research and Management Science. Eds Graves S, Kokathe A T. North-Holland, 2003, 11 (11): 227-339.

[154] Lee C. H., Rhee B. D., Cheng T. C. E. Quality uncertainty and quality-compensation contract for supply chain coordination [J]. European Journal of Operational Research, 2013, 228 (3): 582-591.

[155] Güler M. G., Keskin M. E. On coordination under random yield and random demand [J]. Expert Systems with Applications, 2013, 40 (9): 3688-3695.

[156] Wu D. Coordiantion of competing supply chains with news-vendor and buyback contract [J]. International Journal of Production Economics, 2013, 114 (1): 1-13.

[157] Wahab M. I. M., Mamun S. M. H., Ongkunaruk P. EOQ models for a coordinated two-level international supply chain considering imperfect items and environmental impact [J]. International Journal of Production Economics, 2011, 134 (1): 151-158.

[158] Giri B. C., Bardhan S., Maiti T. Coordinating a three-layer supply chain with uncertain demand and random yield [J]. International Journal of Production Research, 2016, 54 (8): 2499-2518.

[159] 熊中楷，申成然，彭志强. 专利保护下再制造闭环供应链协调机制研究 [J]. 管理科学学报，2011，14 (6)：76-85.

[160] 胡军，张镓，芮明杰. 线性需求条件下考虑质量控制的供应

链协调契约模型 [J]. 系统工程理论与实践, 2013, 33 (3): 601-609.

[161] 陈树帧, 熊中楷, 梁喜. 补偿激励下双渠道供应链协调的合同设计 [J]. 中国管理科学, 2009, 17 (1): 64-75.

[162] Cachon G. P., Lariviere M. A. Supply chain coordination with revenue-sharing contracts: Strength and limitations [J]. Management Science, 2005, 51 (1): 30-44.

[163] Giannoccaro I., Pontrandolfo P. Supply chain coordination by revenue sharing contracts [J]. International Journal of Production Economics, 2004, 89 (3): 131-139.

[164] Palsule-Desai O. D. Supply chain coordination using revenue-dependent revenue sharing contracts [J]. Omega, 2013, 41 (4): 780-796.

[165] 侯琳琳, 邱菀华. 随机需求下三阶层供应链的联合契约协调机制 [J]. 北京航空航天大学学报, 2008, 21 (1): 1-5.

[166] 李凯, 张迎冬, 严建援. 需求均匀分布条件下的供应链渠道协调——基于奖励与惩罚的双重契约 [J]. 中国管理科学, 2012, 20 (3): 131-137.

[167] 邱若臻, 黄小原. 供应链渠道协调的收入共享契约模型 [J]. 管理学报, 2006, 3 (2): 148-152.

[168] 周永务, 王圣东. 随机需求下单制造商两零售商合作广告协调模型 [J]. 系统工程学报, 2011, 26 (2): 203-210.

[169] 林略, 杨书萍, 但斌. 收益共享契约下鲜活农产品三级供应链协调 [J]. 系统工程学报, 2010, 25 (4): 484-491.

[170] 杜少甫, 杜婵, 梁樑, 等. 考虑公平关切的供应链契约与协调 [J]. 管理科学学报, 2010, 13 (11): 41-48.

[171] Chaabane A., Ramudhin A., Kharoune M., et al. Trade-off model for carbon market sensitive green supply chain network design [J]. In-

ternational Journal of Operational Research, 2011, 10 (4): 416-441.

[172] Fahimnia B., Sarkis J., Dehghanian F., et al. The impact of carbon pricing on a closed-loop supply chain: An Australian case study [J]. Journal of Cleaner Production, 2013, 59 (11): 210-225.

[173] Hua G., Cheng T. C. E., Wang S. Managing carbon footprints in inventory management [J]. International Journal of Production Economics, 2011, 132 (2): 178-185.

[174] Ma N., Lou G. Supply chain contract arrangements of carbon abatement with consumer preferences [J]. Applied Mechanics and Materials, 2013 (260-261): 759-764.

[175] 夏良杰，赵道致，李友东．基于转移支付契约的供应商与制造商联合减排 [J]. 系统工程，2013，31 (8)：39-45.

[176] 王芹鹏，赵道致．两级供应链减排与促销的合作策略 [J]. 控制与决策，2014，29 (2)：307-314.

[177] 李友东，赵道致．考虑政府补贴的低碳供应链研发成本分摊比较研究 [J]. 软科学，2014，28 (2)：21-26.

[178] 李媛，赵道致．考虑公平偏好的低碳化供应链两部定价契约协调 [J]. 管理评论，2014，26 (1)：159-167.

[179] Jaber M. Y., Glock C. H., E. I. Saadany A. M. A. Supply chain coordination with emissions reduction incentive [J]. International Journal of Production Research, 2103, 51 (1): 69-82.

[180] Swami S., Shah J. Channel coordination in green supply chain management [J]. Journal of the Operational Research Society, 2013, 64 (3): 336-351.

[181] 江文，陈旭．限额与交易下考虑战略顾客行为的供应链决策与协调 [J]. 控制与决策，2016，31 (3)：477-485.

[182] 徐丽群. 低碳供应链构建中的碳减排责任划分与成本分摊 [J]. 软科学, 2013, 27 (12): 104-108.

[183] Neumann S., Segev E. A case study of user evaluation of information characteristics for systems improvement [J]. Information and Management, 1979, 2 (6): 271-278.

[184] McCormack K. What supply chain management practices relate to superior performance? [R]. DRK Research Team, Boston, MA. 1998.

[185] Petersen K. J. The effect of information quality on supply chain performance: an interorganizational information system perspective [D]. Dissertation, Michigan State University, East Lansing, MI. 1999.

[186] 洪金明, 徐玉德, 李亚茹. 信息披露质量、控股股东资金占用与审计师选择——来自深市 A 股上市公司的经验证据 [J]. 审计研究, 2011, 3: 107-112.

[187] 蔡春丽, 孙朝印, 彭波, 等. 行车速度与碳排放关系研究 [J]. 公路与汽运, 2015 (168): 61-64.

[188] Piecyk M. I., McKinnon A. C. Forecasting the carbon footprint of road freight transport in 2020 [J]. International Journal of Production Economics, 2010, 128 (1): 31-42.

[189] Dong C., Shen B., Chow P-S., et al. Sustainability investment under cap-and-trade regulation [J]. Annals of Operations Research, 2014, 222 (1): 1-23.

[190] 庞晶, 李文东. 低碳消费偏好与低碳产品需求分析 [J]. 中国人口·资源与环境, 2011, 21 (9): 76-80.

附 录

第 4 章稳健性检验结果如表 1 至表 4 所示。

表 1 公司盈利能力采用当年总资产利润率和上年总资产利润率的均值

变量	预期符号	模型 1	模型 2	模型 3	模型 4	模型 5
Constant	?	86. 518*** (11. 484)	93. 629*** (18. 445)	78. 259*** (19. 055)	53. 450*** (19. 377)	51. 425** (19. 989)
CINS	+	2. 199** (0. 936)				
CE	+		−0. 091*** (0. 229)			
CEZ	+			1. 139* (0. 581)		0. 294 (0. 614)
CEJ	+				1. 463*** (0. 409)	1. 357*** (0. 468)
SIZE	?	−1. 087 (1. 692)	−1. 947 (1. 334)	−1. 205 (1. 717)	−2. 479 (1. 609)	−2. 349 (1. 644)
ROEA	?	3. 834 (16. 767)	11. 941 (8. 741)	0. 401 (17. 067)	−9. 601 (16. 065)	−9. 269 (16. 231)
DEF	?	0. 189 (15. 006)	−13. 244 (11. 732)	2. 298 (15. 443)	24. 614 (16. 018)	25. 027 (16. 197)
REVE	?	0. 231 (0. 248)	0. 55 (0. 175)	0. 274 (0. 249)	0. 277 (0. 226)	0. 258 (0. 232)
IND	?	3. 503 (4. 788)	−1. 333 (3. 856)	−1. 887 (4. 639)	1. 857 (4. 260)	1. 300 (4. 450)
COUN	?	−0. 038 (3. 388)	2. 602 (2. 429)	−0. 245 (3. 464)	−1. 616 (3. 227)	−1. 699 (3. 259)
Adj-R^2		0. 099	0. 337	0. 070	0. 209	0. 196
F 值（显著度）		1. 851* (0. 100)	4. 937*** (0. 003)	1. 577 (0. 166)	3. 040*** (0. 010)	2. 645** (0. 018)
VIF 值均小于 4						

表 2 间接碳排放分别为 Scope2 及 Scope3

变量	预期符号	模型 4 (Scope2)	模型 4 (Scope3)	模型 5 (Scope2)	模型 5 (Scope3)
Constant	?	49.577** (21.873)	76.636*** (17.579)	47.897** (22.335)	63.845*** (19.336)
CINS	+				
CE	+				
CEZ	+			0.414 (0.868)	0.855 (0.570)
CEJ	+	3.343** (1.097)	1.295** (0.510)	3.978** (1.732)	1.131** (0.515)
SIZE	?	-1.849 (1.629)	-2.218 (1.698)	-2.007 (1.676)	-1.977 (1.684)
ROEA	?	4.227 (6.348)	-0.413 (6.757)	4.550 (6.437)	-0.471 (6.669)
DEF	?	12.135 (14.891)	17.080 (16.459)	12.910 (15.103)	18.951 (16.293)
REVE	?	0.177 (0.240)	0.362 (0.237)	0.178 (0.242)	0.287 (0.239)
IND	?	-1.798 (4.319)	1.592 (4.511)	-1.437 (4.421)	0.133 (4.558)
COUN	?	-2.062 (3.368)	-0.336 (3.354)	-2.225 (3.414)	-0.948 (3.336)
Adj-R^2		0.166	0.121	0.152	0.144
F 值(显著度)		2.530** (0.027)	2.064* (0.066)	2.206** (0.044)	2.135* (0.051)
VIF 值均小于 4					

表 3 采用广义最小二乘法的回归结果

变量	预期符号	模型 1	模型 2	模型 3	模型 4	模型 5
Constant	?	85. 464*** (16434)	86. 574*** (22. 354)	85. 115*** (20. 432)	51. 387** (20. 496)	40. 237* (21. 365)
CINS	+	2. 209** (0. 932)				
CE	+		0. 482* (0. 246)			
CEZ	+			0. 305 (0. 445)		−0. 258 (0. 639)
CEJ	+				0. 843** (0. 406)	1. 353** (0. 539)
SIZE	?	−1. 023 (1. 681)	−0. 236 (1. 697)	0. 020 (1. 751)	−0. 331 (1. 475)	−0. 465 (1. 580)
ROEA	?	4. 562 (6. 567)	3. 124 (8. 658)	2. 945 (8. 624)	35. 309 (15. 273)	39. 679** (16. 282)
DEF	?	−0. 158 (14. 547)	−11. 278 (12. 554)	−13. 347 (11. 737)	6. 547 (14. 376)	10. 169 (14. 513)
REVE	?	0. 224 (0. 246)	0. 495 (0. 209)	0. 480** (0. 207)	0. 285 (0. 200)	0. 232 (0. 211)
IND	?	3. 162 (4. 745)	−1. 410 (3. 619)	−1. 761 (3. 668)	1. 816 (4. 170)	2. 353 (5. 036)
COUN	?	−0. 084 (3. 371)	−0. 279 (2. 579)	−0. 038 (2. 447)	1. 553 (2. 707)	0. 150 (2. 764)
Adj-R^2		0. 104	0. 218	0. 222	0. 272	0. 306
F 值（显著度）		1. 881* (0. 094)	3. 07*** (0. 010)	3. 125*** (0. 009)	3. 824*** (0. 002)	3. 865*** (0. 002)

VIF 值均小于 4

表 4 重度污染行业样本

变量	预期符号	模型 1	模型 2	模型 3	模型 4	模型 5
Constant	?	67.296*** (19.172)	27.274 (22.241)	56.717** (21.140)	22.009 (22.388)	21.094 (22.673)
CINS	+	2.202** (0.932)				
CE	+		1.031*** (0.277)			
CEZ	+			1.374** (0.586)		0.327 (0.639)
CEJ	+				1.738*** (0.440)	1.588*** (0.532)
SIZE	?	0.135 (1.907)	−0.630 (1.732)	−0.247 (1.891)	−1.060 (1.710)	−0.946 (1.740)
ROEA	?	44.409** (17.370)	40.206** (15.893)	39.033 (17.338)	42.077** (15.645)	41.531** (15.831)
DEF	?	−1.678 (15.303)	20.501 (15.364)	4.884 (15.644)	26.808* (15.717)	26.068 (15.933)
REVE	?	0.140 (0.254)	0.115 (0.230)	0.198 (0.249)	0.116 (0.226)	0.108 (0.229)
COUN	?	0.536 (3.587)	−1.981 (3.404)	−0.249 (3.644)	−2.135 (3.351)	−2.242 (3.389)
Adj-R^2		0.210	0.334	0.208	0.354	0.342
F 值 (显著度)		2.989** (0.017)	4.753*** (0.001)	2.975** (0.017)	5.115*** (0.001)	4.339*** (0.001)
VIF 值均小于 4						